# 阿德勒教养课

## 父母话术训练

刘景慧 ◎ 编著

中国纺织出版社有限公司

## 内容提要

怎样教育好孩子，这对每一位父母来说都是很棘手的问题。孩子有孩子的想法，他想走自己选择的路，不想过被父母限定的人生。跟阿德勒学育儿，适时做放手的父母，去关注和陪伴孩子，帮助孩子建立自我意识，寻找到属于自己的那条路。

本书通过大量贴近生活实际的案例，探讨孩子如何做到自信、独立、勇敢，从人格统一、自卑感、社会情感、学校教育等关键词出发，解析孩子心理行为密码，从而传授给父母高效简单的育儿技巧，是让父母和老师都十分受益的育儿读本。

### 图书在版编目（CIP）数据

阿德勒教养课：父母话术训练 / 刘景慧编著. --
北京：中国纺织出版社有限公司，2022.4
ISBN 978-7-5180-8651-1

Ⅰ. ①阿⋯ Ⅱ. ①刘⋯ Ⅲ. ①家庭教育—语言艺术
Ⅳ. ①G78

中国版本图书馆CIP数据核字（2021）第126280号

---

责任编辑：赵晓红　　责任校对：高　涵　　责任印制：储志伟

中国纺织出版社有限公司出版发行
地址：北京市朝阳区百子湾东里A407号楼　邮政编码：100124
销售电话：010—67004422　传真：010—87155801
http://www.c-textilep.com
中国纺织出版社天猫旗舰店
官方微博http://weibo.com/2119887771
三河市延风印装有限公司印刷　各地新华书店经销
2022年4月第1版第1次印刷
开本：880×1230　1/32　印张：7
字数：121千字　定价：39.80元

凡购本书，如有缺页、倒页、脱页，由本社图书营销中心调换

# 前言
## PREFACE

有人说，比爱孩子更重要的，是懂得爱孩子的方式。许多父母在教育孩子时，总会抱怨孩子不好管教。毕竟听话的孩子是少数的，大多数的孩子总有不听话的表现，于是父母在管教孩子时便会讲道理，讲道理不听就发脾气，甚至打骂孩子。思想家卢梭曾说："三种对孩子不但无益反而有害的教育方式就是讲道理、发脾气、刻意感动。"

事实上，大量实际生活案例告诉我们，如果教育孩子时能够注重心理学，抓住孩子的心理，教育就能起到事半功倍的效果。阿德勒的育儿思想，正是父母们需要学习的。阿德勒是著名的心理学家，他在儿童教育方面的核心思想就是对孩子保持足够的尊重与信任，平等地对待孩子。对孩子不过分管教，反而能让孩子很听话。

众所周知，孩子的天性就是喜欢玩，喜欢尝试和探索。当他们沉浸在那些在大人们看来丝毫没有意义的事情里时，就被当作不听话。现代家庭中的孩子大多以自我为中心，他们不愿意听从他人的意见，甚至故意叛逆。其实，许多孩子不听话，与孩子天性有关，更与父母有关。许多父母总想在生活的方方面面控制孩子，他们认为孩子的生命是自己给予的，所以孩子必须听自己的，但凡孩子有一点不听话都是不允许的。显而易见，这样的父母并没有把孩子当作独立的个体，而只是把孩子当成自己的附属品。阿德勒认为这本身就是不平等的，假如父母无法给予孩子足够的尊重，那么又如何让孩子听话呢？这当然是不可能的，过分管制只会让孩子产生反感的心理，甚至叛逆。

阿德勒认为，父母对孩子的爱不是因为他做了什么，而是因为他是谁，不能因为孩子没有按照父母的想法去做，就收回自己的爱。无论孩子的行为是否超出父母的接受范围，不论孩子的成就是否达到父母的预期，父母都不应因为这些改变对孩子的看法，而要始终坚持无条件地支持孩子，相信孩子。对孩子的言行不过分管制，以引导的方式让孩子养成好的习惯，这才是阿德勒育儿的智慧。

编著者

2021年2月

# 目录
CONTENTS

**第01章 尊重平等，听从孩子的自我意愿** ...... 001
    正面引导，看到孩子的闪光点 ...... 002
    理解孩子，阿德勒的个体心理学 ...... 005
    了解孩子是教育孩子的前提 ...... 010
    别只关注孩子的学习 ...... 013
    阿德勒所理解的"平等" ...... 016
    孩子有生气的权利 ...... 019

**第02章 人格统一，给予孩子心灵的自由** ...... 023
    阿德勒论孩子的乐观 ...... 024
    别让孩子被自卑心理所笼罩 ...... 027
    正确理解孩子的消极情绪 ...... 032
    社交第一步，让孩子学会分享 ...... 035
    让孩子找到归属感 ...... 038
    懂得爱，不应只在感恩节 ...... 041

**第03章 自信回归，聆听阿德勒论孩子的自卑与超越** ...... 045
    由内而外地赏识孩子 ...... 046
    "正向强化"孩子成长动机 ...... 050

别对孩子"鸡蛋里挑骨头"…………………………054
避免教育中出现的"马太效应"……………………057
用"沸水"去刺激温水中的孩子……………………061

## 第04章　追求优越，不干涉是父母最好的教育……065
阿德勒认为，孩子是社会人………………………066
对孩子采取平等的沟通方式………………………069
父母的期望是桎梏孩子的枷锁……………………074
引导孩子完成自我塑造……………………………077
成长是一个破茧成蝶的过程………………………080

## 第05章　家庭地位，解读阿德勒的"儿童心理"……085
教育孩子是父母的共同责任………………………086
避免动用盲目的惩罚方式…………………………089
注重亲子间的沟通渠道……………………………093
父母应掌握"吵架"的艺术…………………………096
离异后为孩子重新定义"家"………………………101
原生家庭的环境……………………………………106

## 第06章　学校表现，培养孩子适应环境的能力……111
入学是孩子成长过程的新起点……………………112
引导孩子度过"心理断乳期"………………………115
引导孩子熟悉新环境………………………………118

孩子在学校"受挫"很正常 ………………… 121
让孩子认为学校是更有趣的地方 …………… 124
让孩子懂得约束自己 …………………………… 126
让孩子服务自我 ………………………………… 129

## 第07章 青春与性，为孩子撑起一片蓝天 …… 133
敢于对孩子开展"性教育" …………………… 134
父亲不能缺席孩子的"性教育" ……………… 138
了解孩子的成长规律 …………………………… 140
正确看待孩子的早恋现象 ……………………… 144
男孩同样需要性教育 …………………………… 147
对女孩子进行正确且适当的性教育 …………… 149

## 第08章 教育本质，跟阿德勒学育儿 ………… 153
杜绝"灌输式"的教育 ………………………… 154
冷静看待自体客体经验 ………………………… 157
争执可以帮助孩子变得自信和独立 …………… 162
决定孩子一生的是人格教育 …………………… 166

## 第09章 学习责任，找准平衡点是关键 ……… 171
孩子需要有目标地学习 ………………………… 172
引导孩子找到自己的兴趣点 …………………… 176
全面学习，克服短板 …………………………… 179

引导孩子克服紧张情绪 …………………………… 182
　　培养孩子好的记忆力 ……………………………… 185
　　避免让孩子产生厌学情绪 ………………………… 188

**第10章　赋予勇气，让孩子正视成长的挫折** …………… 193
　　拒绝挫折就等于拒绝成长 ………………………… 194
　　充分理解孩子的成长烦恼 ………………………… 198
　　面对考试失利，如何调整心态 …………………… 202
　　引导孩子合理排解成长压力 ……………………… 207
　　引导孩子走出"失恋期" ………………………… 210
　　引导孩子正确认识失败 …………………………… 213

**参考文献** ……………………………………………………… 216

# 第01章
## 尊重平等，听从孩子的自我意愿

　　阿德勒认为，管教孩子首先就要尊重孩子。毕竟，孩子最初的受人尊重的感觉就是从父母那里得到的。父母与孩子之间应该是尊重与合作的关系，给孩子他所需要的，那才是最正确的爱，才能让孩子更顺利地成长。

## 正面引导，看到孩子的闪光点

怎样教育好孩子，这对每一位父母来说都是很棘手的问题，尤其是面对逐渐变得叛逆的孩子，许多父母真是没辙了。打也打了，骂也骂了，可就是不见效果，孩子总是不听话。

随着年龄的增加，孩子越来越叛逆，凡事都喜欢和父母唱反调，而且你越是打骂他就越嚣张。有父母抱怨"我已经管不了他了"，难道问题真的那么严重么？

小雯13岁了，妈妈逢人就说："这孩子，一点也不懂事，不听话，不好好学习，每天就跟她那些所谓的好朋友混在一起，都不晓得她一天在干什么……"这时，小雯总是阴着脸，不说一句话。不过，她依然是我行我素，从来不听妈妈的话。

遇到亲戚给小雯买衣服之类的，妈妈也会说一句："别给她买这些，她又不听话，没资格享受这些。"小雯很委屈地说："那我有资格享受什么呢？享受你一天说我的不好吗？既然我这么不好，你为什么还要养我呢？"几句话问得妈妈哑口无言，妈妈也不知道，这孩子究竟是怎么了？

在阿德勒看来，父母要想教育好孩子，就要在孩子面前多夸夸他的优点。俗话说："好孩子是夸出来的。"这也是无数父母从亲身实践中总结出来的经验。孩子"叛逆"，这是孩子成长的特征，父母需要循循善诱，切不可正面冲突。如果你还是沿用"棍棒"教育，让孩子屈服于你的威严，那么，孩子只会更加反感，不仅会影响亲子关系，对孩子的一生也会带来不良的影响。

阿德勒认为，父母应该以另外一个角度来看待自己的孩子，多看到孩子的闪光点，进行正面引导，这样孩子就会在夸奖赞扬中逐渐改变那些不良的习惯，而且还能够树立起自信心和上进心，形成良好的行为习惯。

### 小贴士

**1.以赏识教育为主**

随着社会的进步，人们观念的改变，许多父母都认识到了"棍棒"教育带来的弊端，并逐渐改以赏识教育为主。赏识教育作为新兴的一种教育方式，它主要是赏识孩子的行为结果，以强化孩子的行为；也是赏识孩子的行为过程，以激发孩子的兴趣和动机。

赏识教育是一种尊重生命规律的教育，逐渐调整了无数父母家庭教育中的"功利心态"，使家庭教育趋向于人性化、人文化。所以，父母在家庭教育中，应该摒弃落后的"棍棒"教育，主要以赏识教育为主，这样才有利于培养孩子良好的行为习惯。

**2.多看到孩子的优点**

一个孩子可能会很叛逆，也可能学习成绩很差，但这时候，父母不要只看到孩子的缺点，忽视了他的闪光点。每个孩子身上都有闪光点，只要父母做个有心人，一定能在生活的点点滴滴中发现的。可能他比较叛逆，但乐于助人；他语言能力也可以，还可以自己编故事；他的绘画也很不错，所画的作品还在班上展出过呢。这样一想，你就发现夸奖孩子其实并不难。

但凡孩子有一点点进步，作为父母都不要忽视，要给予真诚的表扬。"你今天一回家就开始写作业了，这个习惯真好，我相信你会天天这样做，是吗""今天你跟爷爷说话时用了'您'，语气也比以前更有礼貌了，很不错"，长久以往，你会发现孩子在一次次的夸奖中变得越来越有自信了，学习的兴趣也一天比一天浓厚，行为习惯也一天比一天好。

3.以夸奖激励的语气与孩子对话

随着年龄的增长，孩子的自我意识越来越强，他有自己的自尊心，也有自己的面子。但许多父母还是认为他们什么都不懂，想对孩子说什么从来不考虑自己的语气。孩子是敏感的，父母稍微有种不耐烦的口气，孩子也能感觉到；如果父母当着许多人的面数落孩子的缺点，这更会让孩子觉得无地自容。所以，在任何时候父母都要注意自己对孩子说话的语气，以夸奖激励为主，切忌语气太重了，另外，在外人面前也千万不要数落孩子的缺点，这会让他感到自卑。

4.肯定孩子的成绩

有时候，孩子取得了不错的成绩，父母心里虽然也很高兴，但总是给孩子浇一盆冷水，"这次成绩还行，可你同桌还比你考得好哩"，这样一个转折一下子就把孩子的自信心毁灭了。对于孩子来说，他的心理还很简单，他只希望得到父母的夸奖，如果父母有一点点微词，他就觉得没有了自信心，从而产生自卑的心理。所以，当孩子取得了成绩，父母千万不要浇冷水，要给予大方的夸奖，增强孩子的上进心。

5.夸赞要适度

当然，"好孩子是夸出来的"并不是绝对的正确，教育孩子一味地靠夸奖也是远远不够的。而且，有的父母更是坚持"孩子都是自家乖"这样一味娇宠，这对孩子的成长也是极为不利的。无论是夸奖还是批评都应该是适当的，父母不能把孩子捧得老高，这样一不小心摔下来了，孩子和父母都是承受不起的。好孩子是夸出来的，父母更要拿捏好"夸"的度，这样才能培养孩子良好的行为习惯。

## 理解孩子，阿德勒的个体心理学

常常听到孩子这样抱怨："父母根本不理解我们的需要，他们想说的就说个没完，而我想说的他们却心不在焉。"孩子这样的烦恼是普遍存在的。其实，孩子内心里有着许多想法，他们也有欢乐、苦恼、意见，如果父母没能主动走进孩子的内心世界，孩子有了意见没有得到及时的交流，那么父母与孩子之间的鸿沟就会越来越大。

阿德勒认为，父母埋怨"孩子不理解自己的一片苦心"，孩子也抱怨"父母根本不了解自己"。孩子有自己的内心小世界，由于惧怕、害羞等多种原因，他们不会轻易向父母吐露自己的内心想法。这时候，就需要父母主动走入孩子的内心世界，倾听孩子所思所想，读懂孩子的烦恼与快乐，真正成为孩子的知心朋友。

一天，女儿放学回家后若无其事地告诉妈妈："今天上午上数学课的时候，我居然睡着了。"上课的时候居然睡觉？妈妈听到这话就生气了，责备："上课时睡觉，你说我辛辛苦苦挣钱供你读书，我都做啥了，你要这样做？"女儿有些委屈："我觉得困了就小眯了一会儿，睡了起来看见老师正在讲课，我都不知道自己睡了多久，也没人叫我。""睡觉，睡觉，我让你睡觉！"妈妈开始拿着鸡毛掸子打女儿，屋里只听见女儿的哭声。

过了一周学校开家长会，老师向妈妈反映："孩子很喜欢上课时睡觉，当着全班同学的面都批评了好几次，她还是这样，一点也不改进，希望你们可以敦促一下。"妈妈回到家，对女儿又是一顿打骂，女儿挂满泪水的脸上，有一丝幸灾乐祸的笑容。

阿德勒认为，父母与孩子之间的沟通，孩子是掌握着主动权的，因而有的父母就会说："他心里有什么想法，那也得开口向我说，否则我怎么能走进他的内心世界呢？"其实，孩子心中都有一定的惧怕心理和羞涩心理，自己即便是有一些想法，他也不会主动告诉父母，而是需要父母诱导孩子说出来，或者父母通过自己的方式来了解孩子，走进孩子的心灵世界。教育专家认为，要想走进孩子的心灵世界，就要和孩子交朋友。

### 小贴士

**1.主动与孩子的老师沟通**

有的父母没有主动与孩子老师沟通的习惯，他们认为教育孩子就应该是学校的责任，如果孩子有了什么事情，老师会主动联系自己的。其实，每个班级那么多学生，老师根本不能顾及每一个学生。父母只有主动与老师交流，才能及时地了解孩子的学习表现和思想素质，并且配合老师对孩子存在的问题及时纠正，从而与孩子进行顺畅沟通，走进孩子的心灵世界。

**2.冷静处理孩子的过错**

即使孩子的确犯错了，父母也应该保持冷静的心态，冷静地处理孩子的犯错行为。这时候，如果父母的情绪失控，就意味着中断了自己与孩子的谈话。孩子不希望看到父母失望，一旦父母表现出过分的失望和担忧，孩子就容易隐瞒真实想法。所以，当孩子犯了错误，父母要设身处地为孩子着想，为孩子分忧，不要对孩子的所作所为大肆发表自己的意见或者大声指责，这样孩子就会对父母说出自己内心的想法和秘密。

3. 了解孩子的内心

有的时候，孩子并不愿意向父母坦白自己的想法和意见，甚至也不愿意与自己的好朋友交流，他们更喜欢将这些想法写成作文和日记。这时候，父母可以从孩子的作文和日记中了解他的内心世界；当然，看孩子的作文和日记，一定要征求他的同意，毕竟日记是孩子的隐私，暴露出来是需要勇气的，这需要父母理解。

4. 与孩子交朋友

父母要想主动走进孩子的内心世界，就要与孩子进行密切接触，消除距离感，成为"零距离"的知心朋友，这样孩子才会把自己的一些想法告诉父母。这时候，孩子不把父母当作高高在上的父母，而是当成一个可以交心换心的好朋友，孩子对父母不会保留自己的秘密。

5. 重视孩子的内心感受

父母需要重视孩子的内心需要与感受，体会孩子的心声、苦恼，鼓励孩子表明自己的想法和感受。有时候，父母可能会不赞同孩子的一些行为，但是孩子内心的感受也是可以理解的。父母要明确，孩子对事物的感受或心理活动往往比他的思想更能引发他的行为。所以，父母应该重视孩子的感受，并对他的感受认真加以理解和评价，这样会促使孩子在你面前展露一个真实的内心世界。

6.给孩子战胜困难的勇气

当孩子面对没有做过的事情、没有把握的事情，或者面对困境和挑战的时候，最希望得到父母真心的鼓励。告诉孩子"你能行""不要怕""再加把油""你是个勇敢的孩子""要有点冒险精神呀，宝贝"，可以鼓励孩子勇敢面对，大胆进取，不断努力和尝试。

7.不要轻易否定孩子的想法

孩子往往希望可以从大人那里得到认可，但我们似乎总是让他们失望。告诉孩子"你的看法有道理""你一定有好主意""你的想法呢"，而不要轻易否定他们的看法和想法，不要驳斥他们的意见，学着鼓励孩子的意见，让他们表达出自己的心声，并按照自己的想法去做做看，去试探一番，宁愿他们从中得到教训，也不要轻易否定他们。没有试过，你怎么知道自己一定就比孩子们高明呢？

8.看到孩子的进步

随时都要看到孩子的进步，并及时给予赏识，这会让孩子重新建立做好事情的勇气和信心，否则会让孩子失去前进的动力。对于孩子任何的一点进步，都应该及时给予鼓励和称赞，欣慰地对孩子说"你长大了"或者"不要急，慢慢来，你已经有了进步""你一点也不比别人笨，妈妈每次都能看到你的努力和进步",这些足以让孩子看到你对他的重视,产生"一定会做得更好"的勇气和信心。

## 了解孩子是教育孩子的前提

阿德勒总是问父母:"你了解自己的孩子吗?"几乎所有的父母在被问到这个问题时,都会给予肯定的回答:"当然了解!"俗话说:"知子莫若父。"每一位父母在一定程度上都是了解自己的孩子的,并且他们能够说出一些孩子的特点。因为从孩子出生起,父母就是孩子最亲密、最值得信赖的人,所以,父母可以肯定地说"我很了解自己的孩子"。但是,父母自己的看法却是不够全面的,有着很多偏差,以至于出现"察子失真"的现象,这究竟是什么原因呢?

在现实生活中,许多父母经常与孩子在一起,却对孩子的一些行为表现得熟视无睹或者视而不见。还有一些父母忙于自己的事业发展,为生活琐事所累,他们很少有时间来观察孩子、了解自己的孩子,所以,在父母心中并没有形成对孩子正确、全面的认识。其实,了解孩子才是教育孩子的前提。如果父母对自己的孩子缺乏认识,那又何谈教育呢?

放学路上,女儿一张苦瓜脸,无论妈妈怎么说,她就是不说话。妈妈憋不住了,因为刚才老师向自己反映说女儿上课总是和

第01章
尊重平等，听从孩子的自我意愿

同桌聊天。妈妈情绪上来了，对女儿不分青红皂白就责备："听说你上课总是跟同桌聊天？你怎么回事呢？妈妈这么辛苦到底是为什么呢？你为什么总是做一些令妈妈伤心的事情呢？"女儿一脸委屈："我没有，我只是……"孩子还没来得及说完，妈妈就叫道："你只是什么？只是上课说话吗？你为什么总是喜欢为自己找借口呢？难道做了错事，还理直气壮地为自己找借口……"

回到家，女儿在日记本上写着："今天我感到很难过，因为妈妈在不了解真相的情况下批评我。也不问我为什么要这样做，就直接说我不对。其实当时是老师讲到了一个难题，同桌觉得没理解，就小声询问我，我当时就跟她讲解清楚。没想到就这样一件小事，老师冤枉了我，妈妈也冤枉我，难道我真的做错了吗？"

英国教育家、思想家洛克指出："教育上的错误比别的错误更不可轻视，教育上的错误正如配错了药一样，第一次弄错了，决不能借第二次，第三次去补救，它们的影响是终身洗刷不掉的。"家庭教育也是一样的道理，父母是孩子的第一位老师，担负着教育孩子的责任，这时候，父母首要的任务就是观察并了解自己的孩子。

小贴士

1.了解自己的孩子

有的父母觉得自己天天与孩子在一起，对他难道还不够了解吗？其实，许多父母对孩子的了解还停留在表面上，并没有细心地观察，他们的了解并不细致，也不够深入，对自己的孩子了解得并不深，没有从整体上把握孩子的内心世界。父母可以在下班后，与孩子进行交谈，建立信任关系，观察孩子的情绪、性格特点、兴趣爱好，充分全面地了解孩子。

2.切忌片面性

有的父母观察了孩子的行为，但他们总是带着片面的心理来判断孩子，对孩子的想法、行为以及做事动机判断得都不够准确。有的父母看到孩子某些方面很迟钝，就认为孩子很"笨"；有的父母觉得孩子唱歌不错，就觉得应该让他学习唱歌，父母这样片面性地判断，对孩子的成长极为不利。

3.常常与孩子交谈

在现实生活中，不少家庭普遍存在着与孩子的谈话不足的问题。许多妈妈与孩子每天的谈话少于30分钟，爸爸则更少。但是，父母却花了更多的时间购物或者看电视。其实，作为父母，养成与孩子谈话的习惯非常重要。父母经常与孩子沟通，有利于培养孩子乐观开朗的心理素质，减少和预防心理障碍的发生。而且，父母在与孩子的谈话过程中，还可以通过对孩子语言举止的观察，了解到孩子在这一成长阶段表现出来的特点。

4.观察孩子与同龄孩子的异同

除了观察自己的孩子以外，父母还要善于观察与自己孩子同龄的孩子。同龄孩子的身体、智力、心理发展特点都是类似的，如果自己的孩子最近比较沉默寡言，这说明他有心事了，或者显得比较早熟。而且，父母还可以制造一些情景，比如带着孩子参加活动，带着孩子造访亲友，这样都可以观察孩子与平时不同的表现，了解孩子的行为特点。

阿德勒表示，其实，孩子就在身边，关键是父母要做一个有心人，要通过孩子的一举一动，了解他的心理、情绪，全面了解孩子，把握孩子内心深处的东西，从而对孩子进行有针对性的教育，促进他个性的发展。

## 别只关注孩子的学习

许多父母都很关心孩子的学习，眼睛总是死死地盯住孩子的学习成绩，每天就像例行公事一样冷冰冰地问孩子"今天学习怎么样""考试了吗，考得怎么样"，望子成龙、望女成凤的心情让他们忽视了对孩子健康的重视，尤其是孩子的心理健康。当父母都在问孩子的学习情况时，是否有问"你今天过得快乐吗？"即使孩子本来拥有愉快的心情，在父母冷冰冰的语调以及板着脸的注视下，也会消失得无影无踪。

于是，父母抱怨"孩子越大越不听话，连父母的话都不听了""感觉到孩子与我有了很深的隔阂，也不像以前那样跟我亲近了"，问题的根源就是父母的微笑太少了，责备太多了；

鼓励太少了，批评太多了。当孩子想与父母进行有效的沟通，父母却关紧了自己那扇心灵之门，只留给孩子一张面无表情的面孔，试问，孩子还会与你亲近吗？

妈妈有些望女成凤的迫切心情，平时最关心的就是女儿的学习。每天女儿高高兴兴、蹦蹦跳跳地背着书包放学回来时，总是兴高采烈地喊上一句："爸爸妈妈，我回来了。"在书房里忙活的爸爸应了一声，妈妈则板着脸问："今天学习怎么样？布置了哪些作业？最近又考试没有？考得怎么样？"在妈妈连珠炮般的追问下，女儿的一张笑脸变成了苦瓜脸，悻悻地提着书包进屋学习去了。时间长了，女儿就有意地避开妈妈，放学回来也不像以前那样兴高采烈地高声呼喊他们了，而是偷偷地溜进自己的房间，有时候甚至把门也锁上。隔着房门，妈妈也是语气冷冽地问："这次考试怎么样？"只是传来女儿闷闷地一声"嗯"。

离期末考试越来越近，妈妈感觉到了女儿与自己的距离越来越远，女儿话更少了，总是一种郁郁寡欢的样子，有时候还偷偷地抹眼泪。妈妈问她，她也不吭声，妈妈慌了，女儿这是怎么了？

阿德勒研究发现，健康性格是感受和创造快乐的重要方面。注重培养孩子快乐的性格，有利于孩子健康成长。孩子需要父母的微笑，需要父母友好的态度，而不是公事化的语调或者面无表情的一张脸。有时候，当父母在抱怨"孩子开始疏远自己"，很大程度上都是源于父母对待孩子的态度。虽然父母是成年人，可能会有许多生活和工作的烦恼，但是在面对孩子的时候，请对孩子多一些微笑，走进孩子的心灵深处，了解他的思想，把你的快乐传递给孩子，缩短与孩子之间的心理距离。

1.营造和谐的家庭氛围

有的家庭，气氛比较紧张，父母总是板着一张脸，为了一点点小事就吵架。阿德勒认为，在这样家庭环境中长大的孩子，容易疏远父母，甚至容易出现不良的行为。家庭对于孩子来说是一个温馨的港湾，一个可以嬉笑快乐的地方；愉快的家庭气氛，可使孩子养成乐观、积极、向上的性格，同时，也能增加父母与孩子之间的亲密度，因为父母友好的笑脸能给予孩子信任与温暖。所以，父母之间互敬互爱，多对孩子笑笑，家庭气氛充满欢声笑语，对孩子来说是非常有益的。

2.控制自己的情绪

有时候，父母也会因为工作和生活上的一些烦恼而愁眉苦脸，这时候，为了孩子健康成长，需要努力控制自己的情绪，面对孩子露出笑脸，让他感染快乐的情绪，与自己亲近起来。许多父母自己有了烦恼，就会对孩子大吼大叫，冷着一张脸，说话也是冷淡的语调；有的父母在孩子犯错时，控制不住自己的情绪，对孩子施行打骂教育。这样时间长了，孩子就会逐渐远离父母，与父母之间的隔阂越来越深，根本不利于父母与孩子之间的顺利交流。所以，在孩子面前，父母需要努力控制自己的情绪，多给孩子一点微笑，多一些鼓励，这样孩子与你的距离就越来越近。

3.多一些微笑与鼓励，少一些责备与批评

家庭教育是教育的重要部分，家庭教育的方式也成为了重中之重。父母对孩子要多一些微笑与鼓励，少一些责备与批评。责备越多，孩子所受到的心灵伤害就越多，他的心对你增加了防御与反抗，父母与孩子之间的距离就会越来越远。所以，父母要改变自己家庭教育的方式，给孩子多一些微笑与鼓励，少一些责备与批评，做孩子最亲近的知心朋友。这样，在孩子的成长路上，你才能走进孩子的心灵世界，读懂孩子的真实内心。

## 阿德勒所理解的"平等"

把孩子放在平等的位置，与孩子成为朋友，这些道理父母都懂，但是，在与孩子沟通的时候，父母还是会犯一个严重的错误。父母始终把孩子摆在了自己的对立面。他们认为自己说什么，孩子就得听什么，凡事以自己为标准，有的父母甚至不知道怎样去放下自己的身段和孩子在平等的高度上自由地交流。

其实，孩子的心灵世界，远比父母想象的还要丰富，也比想象中更敏感，孩子会用自己的标准去判断事物的好与坏，去衡量父母在自己心中的位置。所以，要想了解孩子，与孩子进行顺利的沟通，并不是说几句简单的话就有效果，而是需要父母放下自己的高姿态，把孩子摆在与自己同等的位置上，这样才能进行有效而顺畅的沟通。

放学回来，爸爸让女儿文文赶快去写作业，文文磨蹭着脚步，嘀咕着说："爸爸，我先把这本课外书看完，行不行？"正在为工作而闹心的爸爸有点不耐烦地说："爸爸叫你去写作业，你就去写，不要在那里啰哩啰唆，讨价还价，明白吗？没有看到爸爸正忙着呢。""我也有说话的权利。"文文小声地说道，就赶紧溜回了自己的房间。

正准备发火的爸爸听到了女儿的那句话，有些不可理解："你一个孩子，什么说话的权利？爸爸说这些话都是为了你好，你年纪还小，又没判断力，得听爸爸妈妈的。"

许多父母在孩子面前摆出高高在上的姿态，言行举止中透露出作为父母的威严与不容侵犯的权威。于是，对面的孩子显得战战兢兢，在与父母的相处中，他学会了不讲道理，学会了"镇压"的方式，他甚至学会了父母的沟通方式。在孩子嘴里，也经常蹦出"闭嘴，我不想再听了""你跟我说再多还是没有用，我已经决定了"等一些字眼。

父母感到诧异，孩子怎么会用这样一种语气与自己谈话呢？有的孩子对父母完全关闭了自己的心灵之门，无论父母怎么劝说，孩子就是不肯说出自己内心的想法。出现这样一些现象，是因为我们的父母在很多时候，习惯以高姿态来教育孩子。他们认为孩子什么都不懂，在很多事情上，父母擅自做主，不允许孩子有一点点逆反的意思，如果孩子提出了异议，父母就会大手一挥："你懂什么，该干什么就干什么去。"这样一种高姿态扼杀了孩子想表达的欲望，也割裂了父母与孩子之间亲密的关系，继而给双方的沟通带来一些阻碍。

### 小贴士

1.与孩子平等沟通

父母要想自己的想法被孩子所接受，就要找准自己的位置，放下自己的高姿态，与孩子进行平等沟通。父母与孩子的平等沟通，不仅是位置与角度都与孩子们一致，而是思想观念上的一致，尽可能地与孩子站在平等的位置上交流，了解孩子的思想，这样才能真正地了解孩子的所思所想，与孩子实现更有效的沟通。

2.反思自己的教育方式

有的父母说自己的孩子越来越不听话，这时候，父母应该反思自己的教育方式，自己对孩子了解多少呢？是否与孩子进行了平等的沟通呢？孩子有自己的想法和意见，若父母发现了孩子想表达的欲望，就要循循善诱，让孩子大胆地表露出自己的想法。对于孩子的想法，父母如果觉得合理，可以给予支持。当父母实现了与孩子的平等沟通，父母才会更受尊重。

3.蹲下来，做孩子的朋友

父母感觉孩子会处处与自己作对，孩子感觉父母处处限制自己的自由，追根究底，就是父母没能成为孩子的朋友。要想了解孩子更多，与孩子进行更加有效的沟通，就要放下自己的高姿态，做孩子的朋友。当你把孩子当成了朋友，平等地相处，他也就用心学习了，这样调动了孩子的积极性，让他主动意识到学习的乐趣，这比打骂教育更有效。在你与孩子成为朋友的过程中，他体会到了尊重，体会到了与你相处的快乐，作为父母，你收获的是否会更多呢？

## 孩子有生气的权利

阿德勒认为，每个人都应当学会发泄情绪，特别是孩子，他们心理承受能力差，也不会用大道理来开脱自己，要他们很快调整心态，做到豁然开朗似乎比较苛求。最直接的方法就是将情绪发泄出来，这对他们的身心都有好处。

每个孩子都会有一定的情绪状态，如恐惧、喜悦、悲哀、愤怒等。与成年人能够有理智地控制情绪不同，孩子的自我控制能力较弱，有了负面的情绪就会当场发泄出来。由于孩子年纪尚小，与人交往、沟通的经验尚浅，且对自己产生的情绪认识不清，所以在出现负面情绪时不知道该如何表达，只好自己寻找方式来进行宣泄。

在没有父母引导的情况下，孩子自发的宣泄方式往往是不当的，如哭闹、攻击他人、伤害自己等。不过，即便孩子们发泄情绪的方式有些过激，父母也应给予充分理解，所需要做的不是阻止他们，更不是大发雷霆或使用暴力，而是让他们懂得如何适当地发泄自己的情绪。当孩子情绪平复后，你会发现他比以前更懂事了，还会为自己的过激行为感到惭愧，并对父母的宽容心存感激。

小乐感冒还没有好，就想吃冰激凌，妈妈不同意。小乐生气地挥着小拳头打妈妈，边打边嚷嚷："打死你，打死你。"看见小乐这样表现，妈妈很是无奈。

小佳是个内向的小姑娘，她不喜欢说话，一遇上不高兴的事情，就狠狠地咬自己的手。小手上留下了一个个的小牙印，让妈妈心疼极了。

孩子慢慢长大，心里想的东西越来越多，那种"给块糖就不哭"的日子已经一去不复返了。他们开始用心感受世界，寻找自己的朋友，开始将心里的一个角落封闭起来只装入自己的小秘密。有时，他们忽然觉得自己充满了矛盾和困惑，内心烦躁不安，想找个人大吵一架。

孩子的心理是脆弱的，压力使处于天真烂漫年龄段的他们有时会感到无所适从，假如他们总把学习、生活或是人际交往中遇到的所有不愉快闷在心里，时间长了，难免有一天会做出什么不可收拾的事情，还可能会产生心理障碍。

**小贴士**

1. 别轻易向孩子妥协

孩子的不良发泄有时是因为提出的要求没有得到满足，一些父母出于对孩子的疼爱或觉得烦躁，见到孩子哭闹就马上无条件"投降"，满足其所有要求。这样做的结果是让孩子产生误解，认为只要哭闹就能迫使父母就范，于是每当有不被允许的要求，就会哭闹、撒娇。

2. 观察孩子的情绪

父母要有一双敏锐的眼睛，可以随时观察孩子的情绪变化。当发现孩子情绪低落或反常的时候，引导他们找一种好的发泄方式，试着与孩子进行心与心的交流和疏导；或是带孩子到野外登山、进行激烈的体育活动，让其情绪得以释放；或兑现一件孩子期待很久的承诺以满足其平时的不平衡心理。这时你会发现自己的理解拉近了与孩子之间的距离，你们彼此之间相处会更和睦、更愉快。

3. 避免粗暴对待孩子

性格粗暴的父母看到孩子不良宣泄时，忍不住暴跳如雷，简单地用粗鲁方式直接压制，遏制孩子的发泄。这样的方法表面看起来效果明显，但实际上孩子是出于害怕才停止宣泄，原来的不良情绪没有得到缓解，又多了被粗暴压制的痛苦，很容易出现情绪问题。长时间这样,孩子内心积压的情绪问题越来越多,性格会变得抑郁沮丧,终有一天会"爆炸"。

### 4.培养孩子广泛兴趣

培养孩子多方面的兴趣,鼓励他们积极主动地投入各种活动,广泛地与他人尤其是同龄孩子交往,是让孩子学会积极地宣泄情绪的有效方法之一。尤其是当孩子出现不良情绪时,父母不能长时间让孩子沉浸在消极情绪里,而是引导孩子学会用注意转移的方式消除不良情绪,让孩子真正懂得在遇到挫折或冲突时,不能将自己的思想陷入引起冲突或挫折的情绪之中,而应尽快地摆脱这种情境,投入到自己感兴趣的其他活动中去。

### 5.设置"冲突"情境,给予"补偿"教育

父母对于孩子表达的情绪体验、感受,不应妄加批评或评论,而是要通过设置"冲突情境"教会孩子表述自己的感受,讨论和商量出合理解决的办法。在冲突情境出现后要让孩子自己进行评论,学会寻找解决矛盾、让冲突双方都满意的策略,让孩子通过讨论,自觉地按照合理的方式宣泄不良情绪。

### 6.允许孩子向"自己"宣泄情绪

孩子在遭遇冲突或挫折时,往往会将事由或心中的不满感受告诉父母,以寻求同情和安慰。孩子经常喜欢"告状",这是以寻求支持的方式应付心理压力的策略。父母应该予以理解,这不仅体现了孩子对父母的信任,同时也是孩子消除心理郁积的常用方式。

# 第02章
## 人格统一，给予孩子心灵的自由

阿德勒认为，一个人的品格如何，对其一生有重大的影响。现在很多父母在关心孩子身体健康、注重智力开发的同时，往往忽视了品格教育。事实上，阿德勒觉得在教育中要保持人格统一，给予孩子心灵的自由，才能有好的效果。

## 阿德勒论孩子的乐观

阿德勒认为，乐观的心态，自信的笑容，这对于任何一个人来说都是不可或缺的财富。父母在培养孩子的心理素质和性格的过程中，乐观心态的培养是一个必不可少的基本成分。孩子乐观开朗的性格并不是天生的，所以，父母的教育和培养对孩子养成乐观的性格是十分重要的。孩子的乐观心态首先源于父母，源于家庭，所以，培养孩子乐观的心态，首先就要从父母自身做起。

如果一个人遭受挫折不及时排解，而是任挫折在大脑中繁殖，心里就会充满挫折与失败的阴影。一位教育专家曾说："培养笑容就是培养心灵。把孩子培养成面带笑容的孩子，就是把孩子培养成为乐观、进取的人的最重要条件之一。"

这些天一直下雨，萌萌几乎一个星期没有外出活动了，萌萌开始对妈妈抱怨："春天来了怎么还这么冷啊？这雨老是下，下得我心里好烦。"说完，她烦闷地扔了正在玩的小汽车。听了萌萌的话，妈妈很没好气地说："你一个小孩子，烦什么？有什么可烦的。"萌萌一脸幽怨："哎呀，你不懂的啦！"

每天早上，妈妈骑自行车去送萌萌上学都要经过一个十字路口，可是，每次经过那里的时候几乎都是红灯。时间长了，萌萌就开始抱怨："妈妈，我们每次都这么倒霉，没有哪一次遇到绿灯。"妈妈叹了口气，心想：这孩子怎么看什么事情都不顺眼呢？

其实，影响孩子情绪的都是一些日常生活中的小事情，如果父母能够引导孩子换一个角度去看待，也许就没有那么悲观了，孩子也会以乐观的心态来面对生活。对于正在成长中的孩子来说，乐观具有深远的意义，它会渗透到孩子的一生，影响孩子一生的幸福。

在阿德勒看来，乐观的心态可以诱发孩子采取行动的强烈动机，也可以给孩子提供战胜困难的勇气。在家庭教育中，父母要赐给孩子希望和乐观的心态，让孩子能够带着积极乐观的心态走向前方。

著名教育学家塞利格曼曾说："父母教育孩子方式的正确与否，显著地影响着孩子日后性格是乐观还是悲观。"所以，作为父母，一定要传达给孩子积极乐观的情绪，让孩子在乐观中找到生活的自信，让孩子以乐观的心态去看待身边的每一个问题。

**小贴士**

1.营造快乐的家庭氛围

一个自信乐观的家庭，总是能够培养出言行乐观的孩子，因为父母总是能够为孩子营造出积极乐观的氛围。也许，有的孩子天生就比较乐观，有的孩子则相反，但阿德勒认为乐观的心态是可以培养的，即便孩子天生不具备乐观的心态，也可以通过后天来培养。培养孩子乐观的心态，需要父母为孩子营造出快乐自信的家庭氛围，让孩子快乐地学习生活，教会孩子正确面对批评和挫折，帮助孩子克服悲观情绪，多给孩子鼓励与赞赏，多给孩子温暖与笑容，这样孩子就能逐渐形成开朗的性格。

2.父母要积极乐观

孩子的模仿能力极强，他可以把父母的优点和缺点一起吸收。如果父母是悲观主义者，孩子就会受影响以悲观态度来看待问题；如果父母希望孩子以乐观的态度来看待问题，就要改变自己的思想和行为习惯。父母不仅要在孩子面前表现出乐观的心态，更重要的是真正拥有乐观的心态。

3.培养孩子多方面的兴趣爱好

一个孩子的成长健康与否，与他的心态有很大的关系，孩子良好的心态会给他带来健康的身体、健全的人格。如果父母能够有意识地培养孩子广泛的兴趣和爱好，就可以让他对生活充满向往。父母要鼓励孩子去做有兴趣的事情，对于他不感兴趣的事情，父母不要勉强他，尽可能地让他自由发展，让孩子参加集体活动，让孩子感受来自同伴的积极压力，将孩子锻炼与兴趣结合起来。孩子拥有越来越多的成就感，极大地增强了自信心，逐渐就会形成乐观的心态。

4.换一种角度向孩子解释事情的真相

有时候,当事实无法改变的时候,父母可以给孩子不一样的说法。当父母对孩子说:"现在爸爸要起草一份材料,爸爸的工作很忙。"这样会让孩子觉得爸爸很能干,工作也很重要,如果父母对孩子说:"真可恶,爸爸还得起草一份该死的材料。"孩子会觉得爸爸是不情愿写材料但却不得不写,这就留给孩子一种阴影。

5.不要在孩子面前表现难过的情绪

父母不要因为孩子的一时挫折就表现出难过的情绪,比如孩子成绩下降了,父母若是表现得过分紧张和难过,就会影响到孩子的情绪,也增加了孩子的心理压力。所以,不要在孩子面前表露出难过的情绪,也不要对孩子的受挫进行处罚、挖苦以及责骂,父母不妨以幽默的方式,尽可能地把自己的乐观情绪传递给孩子。

## 别让孩子被自卑心理所笼罩

阿德勒认为,假如一个孩子被自卑心理所笼罩,其身心发展及交往能力将受到严重的束缚,才智也得不到正常的发挥。父母从小为孩子播下自信的种子,将有助于孩子形成良好的个性品质,增强他们的心理素质,使他们未来的路越走越长。

阿德勒告诉我们:强者不一定是胜利者,但胜利迟早都属于有信心的人。阿德勒认为，自卑经常以一种消极的防御的形式表现出来，比如妒忌、猜疑、害羞、自欺欺人、焦虑等，自卑会让人变得非常敏感，经不起任何刺激。

自卑，就是一个人严重缺乏自信，常常认为自己在某些方面或各个方面都不如别人，经常以自己的缺点与他人的优点比较。自我评价过低，瞧不起自己，这是一种人格上的缺陷，一种失去平衡的行为状态。

孩子产生自卑心理，基于多方面的原因。比如，父母能力较强，对孩子期望过高，往往会让孩子产生自卑，生活在这样的家庭里，孩子总认为"爸爸妈妈什么都行，我什么都比不上他们，怎么努力都没用"；有的则是家庭不完整，容易让孩子产生自卑心理，生活在破裂家庭中的孩子，得不到父母足够的爱，觉得自己是被社会抛弃的孩子；有的是父母采用粗暴、专横的教育方式，严重地伤害了孩子的自尊心，往往会让孩子产生自卑心理；有的是父母自身有自卑情绪，平时总说"我不行"，潜移默化地影响孩子，使孩子产生自卑心理。

如何判断孩子是否存在自卑的心理？

怯弱害羞。通常情况下，孩子有一点点害羞是正常的，不过过于怯弱、害羞，不愿意出门，不敢接触陌生人，那可能就是内心深处潜藏着自卑情结。

独自来往。一般而言，正常孩子都喜欢与同龄人交往，十分喜欢交朋友。不过具有自卑心理的孩子对交朋友并没有太大兴趣，往往喜欢独自待着。

心理敏感。自卑的孩子对家长、老师、同伴的评论非常敏感，尤其是对来自同伴的批评，更是感到不容易接受，有时甚至无中生有怀疑别人讨厌自己，且表现出不高兴的样子。

有自虐行为。有一些自卑的孩子往往表现为自暴自弃，更有严重的还会表现出自虐行为，比如故意去街上乱走、晚上独自出门、生病不吃药等，似乎故意让自己处于困境之中。

缺少信心。自卑的孩子也非常希望在考试、比赛中获得好成绩，但他们通常会对自己的能力缺少信心，所以他们大都逃避参加任何考试、比赛。

口齿不清。有部分自卑的孩子语言表达能力较差，或口吃，或表述不连贯，或缺乏情感，或词汇贫乏等。这是源于强烈的自卑阻碍了孩子大脑中负责语言学习系统的正常工作。

承受能力较低。自卑孩子大多不能像正常孩子那样能够承受挫折、疾病等消极因素带来的压力，哪怕遇到小失败或小疾病，也感觉承受不了，有的甚至面对诸如搬家、父母生病等意外也会感到不容易适应。

**小贴士**

1.对孩子不要有太多要求

父母要帮助孩子建立自信，克服自卑心理。所以父母对孩子的要求要适当，不能苛求孩子。父母对孩子的要求应与孩子实际的能力和水平相适应。若孩子取得了好成绩，那父母应及时表扬、鼓励，让孩子对自己充满信心。对于那些成绩稍差的孩子，父母应予以关心和安慰，帮助孩子分析原因，总结经验和教训，给孩子耐心的指导，一步步提高孩子的成绩。

2.让孩子增长见识

生活中，父母经常发现当许多孩子一起交谈的时候，有的孩子说得滔滔不绝、绘声绘色，而自己的孩子却只是在一边听，一言不发。这是什么原因呢？这主要是由于孩子的知识面不同，有的孩子见多识广，有的孩子知识面较为狭窄。而那些知识面较为狭窄的孩子更容易自卑，父母需要有意识地帮助孩子丰富知识，开阔孩子眼界。

3.多发现孩子的闪光点

消除孩子的自卑心理，父母要善于发现他们的优点和缺点，并为孩子提供发挥长处的机会和条件，让孩子学会理智地对待自己的短处，寻找合适的补偿目标，从中吸取前进的动力，将自卑转化为一种奋发图强的动力。

4.引导孩子交朋友

自卑的孩子大多比较孤僻、不合群，喜欢把自己孤立起来。而积极的人际关系会为孩子提供必要的社会支持系统，有利于自身压力的减缓和排解，性格也会变得乐观起来。而且孩子在与人交往的过程中，会更加客观地评价自己和他人。父母要多鼓励孩子交朋友，并教给他们一些社交技能。

**5.让孩子获得成功经验**

当孩子成功的经验越多，他的期望值就越高，自信心也就越强。对于自卑的孩子来说，父母要帮助他建立起符合自身情况的抱负，增加成功的经验。当孩子遭遇困境，心生自卑的时候，父母可以引导孩子去做一件比较容易成功的事情，或者参加感兴趣的活动，以消除自卑。比如，当孩子在考试中失利了，不妨让其在体育竞赛中找回自信。

**6.先实现一个小目标**

许多孩子产生自卑，往往是由于对自己要求过高，将自己已经取得的成绩忽略了，他只是沉浸在大目标无法实现的焦虑中，心理上就经常笼罩在悲观、失望的阴影中。对此，父母可以帮助孩子制定一个个能在短时间实现的小目标，引导孩子向前看，从已经实现的小目标中得到鼓舞，增强自信。随着小目标的积累，不但会形成一个实现大目标的动力，而且会让孩子形成足以克服自卑的信心。

**7.引导孩子正确面对挫折**

孩子在生活中难免会遇到失败和挫折，而失败的阴影是产生自卑的温床。对此，父母需要及时了解孩子的心理变化，予以指导，帮助孩子及时驱逐失败的阴影。父母可以帮助孩子将失败当作学习的机遇，分析失败的原因，从失败中学习和吸取教训，也可以帮助孩子将那些不愉快、痛苦的事情彻底忘记。

8.尊重孩子的自尊心

有的孩子自尊心较强,假如做错事情,自己就会很内疚。假如父母这时再冷嘲热讽,一顿责骂,就会严重挫伤孩子的自尊心。孩子就会破罐子破碎,表现越来越差。所以,当孩子做错事情,父母应关心、理解孩子,只要孩子知错能改就行了。这样孩子就会排解消极情绪,变得越来越自信。

## 正确理解孩子的消极情绪

现在的孩子们处在一个优越的环境中,获得了一点成绩就很容易骄傲,然而,今天获得的成绩并不代表明天成绩优秀,一个优秀的孩子应该是全面发展的孩子。

孩子的身心都处于发展的时期,许多品质还没有得到固定,这很容易使孩子们走进骄傲自负的性格误区。父母要帮助孩子克制自满的情绪,让孩子变得谦和。

阿德勒育儿启示:谦虚是一种优秀的品质,一个人的生命是有限的,但知识却是无限的,再勤奋的人也不可能把所有的知识就学完,因为任何一个人都不可能拒绝学习。因此,在知识面前一定要谦虚,凡是取得成功的人,他们在一生中总是谦虚地学习,不断地提高自己。

小君从小就显得聪敏过人,特别是在音乐方面表现出了极大的天赋。于是他的爸爸妈妈就请来最好的老师教他，当然他也确实算是音乐方面的天才了，学得特别快。老师对他充满了希望，付出很多的心血教他。后来，小君在10岁时就举办了个人的音乐会。当时许多人都认为他长大后会成为伟大的音乐家，他的爸爸妈妈也深信不疑，处处炫耀自己孩子的天赋。而大家见到小君都是大大地夸赞，夸他是个天才、神童。

小君在别人的夸赞声中越来越骄傲，渐渐觉得自己就是毋庸置疑的神童。最后连老师和爸妈的话也不放在眼里，当老师指出他的不足之处的时候，他根本不把老师的话当回事，反而嘲笑老师。而当爸爸妈妈说他两句的时候，他就一整天不回家，四处玩耍。

骄傲会让孩子夸大自己的优点，不去正视自己身上的问题，甚至容易把别人看得一无是处，这样的孩子听不进别人善意的批评，总是处于盲目的优越感之中，从而放松了对自己的要求，渐渐地，他就变得不那么优秀了。对此，父母可以有意识地制造一些困难让孩子去克服，让孩子认识到做好并不容易，人生道路并不平坦，从而促使孩子虚心学习，不断进步。

阿德勒告诉孩子：如果自己有了一点成功便觉得自己很了不起，这是很不好的。优秀的孩子更需要虚心接受老师与父母的教诲，需要倾听朋友的意见，这样才有可能走向成功。

对于孩子，从小就要培养他们谦虚的品质，当他们在学习上获得优异的成绩时，帮助他们克服自己骄傲自满的情绪，让孩子保持一颗平常心，不要沾沾自喜，自以为是。

### 小贴士

**1. 让孩子看到自己的缺点**

孩子从小就处在父母的夸奖中，受到许多人的关注，成长在一个受表扬和鼓励的环境中，变得更加自信。但是，在夸奖声、赞美声中，孩子们只看到自己的优点，却看不到缺点，这对于孩子的成长是极为不利的。所以，父母需要引导孩子比较全面地了解自己，鼓励他们勇于接受批评，看到自己的缺点，虚心接受父母与老师的教育，这样孩子才能全面、健康地发展。

**2. 帮助孩子克制自满的情绪**

孩子还处于学习知识、积累经验的阶段，对于内心蔓延出来的自高自大，他们并不懂得如何去克制。对此，父母应该保持警惕心理，鼓励孩子多读书，任何一个人都没有骄傲的资本。让孩子清楚地知道"谦虚使人进步，骄傲使人落后"，鼓励他们做一个谦虚的孩子。

**3. 引导孩子找到自己的榜样**

任何一个成功人士都非常谦虚，父母可以通过书籍了解名人的故事，以名人的事例来激励孩子懂得谦虚。当孩子有了自己崇拜的成功人士，并且了解他们成功的经历，就会逐渐使自己养成谦虚的好品质。父母应该让孩子明白只有谦虚的人才会不断地提高自己，才能在学习上取得更大的成就。

## 社交第一步，让孩子学会分享

阿德勒认为，我们应该尽量以相同的方式回报他人为我们所做的一切，即受人恩惠就要回报。在日常生活中，许多孩子都有着这样的特点：表现得非常霸道，独占欲很强，喜欢一个人玩，在游戏中经常把许多玩具放在自己的周围，并常常对那些企图玩自己玩具的小朋友说："这些玩具都是我的！你不能玩！"这样的孩子不会与他人分享，也自然体会不到分享的快乐。

其实，这样的情况，大多数都与家庭环境和家庭教育有着极密切的关系。现在绝大多数孩子都是独生子女，因而他们都成了家庭的"中心人物"，父母以孩子为中心，独生子女缺乏与伙伴分享交往，是造成孩子"霸道"、不会分享的根源。但是，只要父母从这些根源出发，对症下药，就能让孩子体会到分享的甜头，继而学会分享。

周末，妈妈带着潇潇去公园玩。孩子出门时就带了许多玩具，比如小汽车、奥特曼等，他到公园的空地上把自己的玩具铺开，马上吸引了小朋友的眼光。有的小朋友眨巴着眼睛盯着潇潇的玩具，看样子十分想玩，妈妈对孩子说："跟小朋友一起玩，好不好？"潇潇马上抱着自己玩具，说道："不可以，他们笨手笨脚的,万一给我把玩具弄坏了怎么办?"妈妈沉默了,这时潇潇看到了公园里的一个小朋友独自在玩遥控飞机,潇潇对那小朋友投去了羡慕的眼光。妈妈看见了,对潇潇说:"你也想玩吗?"孩子点点头,说:"想玩。""那你向那个小朋友借玩具玩一下吧。"妈妈对潇潇说,孩子用疑惑的眼神看了看妈妈,摇了摇头说:"他又不认识我,怎么会把玩具借给我玩呢?"

虽然不喜欢分享的"小气"孩子并不少见,而且"小气"也不算是什么大的缺点,但如果一个孩子什么都不愿意与他人分享,独占意识很强,他是很难与别人形成良好的人际关系的,这对于孩子今后的发展也有着极为不利的影响。

让孩子学会分享,首要任务就是要让孩子体会到分享的甜头,让他在与他人分享中获得快乐。久而久之,孩子就会主动与他人分享东西,也就养成了喜欢分享的良好的行为习惯。

### 小贴士

1.不娇不溺,家人共享

父母不要溺爱孩子,让孩子吃独食,这样娇惯下的孩子是不愿意与他人分享的。有的父母出于对孩子的爱,就把那些好吃的、好玩的全让给孩子,即使孩子会想着与父母分享,父母也会推辞,让孩子一个人独享。时间长了,就强化了孩子的独享意识，孩子理所当然地把那些好吃的、好玩的占为己有。所以，父母不要娇惯和溺爱孩子，也不要以孩子为中心，甚至无限制、无条件地满足孩子的任何需求，而要让孩子们学会感恩，学会把自己喜欢的东西拿出来与家人共享，让孩子体会到分享的甜头。

2.不对孩子特殊化

在日常的家庭生活中，父母要形成一种"公平"的态度，这对防止孩子滋长"独享"意识有积极的意义。父母教导孩子既要看到自己也要想到别人，懂得人与人之间相处是建立在平等的基础之上的。让孩子明白好东西应该与大家一起分享，不能只顾自己而不顾别人。

3.让孩子在分享中获得互利

许多孩子之所以不愿意与别人分享，是因为他觉得自己分享了就意味着失去，这时候，父母应该理解孩子这种不愿意失去的心情，慢慢引导，让孩子明白分享并不是失去而是一种互利，分享体现了自己的大度与关怀，自己与别人分享了，别人也会回报自己的大度与关怀，这样就能在分享中获得一种快乐。一旦孩子在分享中获得了互利与快乐，他就会乐于与别人分享自己的东西。

4.鼓励孩子学会与他人分享

父母可以积极创造机会让孩子与其他小朋友一起玩，让孩子在与同龄孩子游戏中变得大方，教给孩子与人交往的技巧，帮助孩子养成关爱他人、谦让友好的行为习惯。另外,还要鼓励孩子与他人分享,当孩子表现出分享的行为时,父母应该给予及时的鼓励和赞赏,让孩子感受到分享的快乐,让孩子看到来自父母的肯定与认可。

## 让孩子找到归属感

阿德勒认为,责任心是健全人格的基础,是未来能力发展的催化剂,更是孩子们成长所必需的一种营养,它能够帮助孩子成长和独立。懂得自己的责任,学会负责,孩子才有了前进的动力;只有认识到自己的责任,孩子才知道自己应该做什么以及怎么去做。

暑假的时候,家里为孩子报了一个百科知识讲座,有时候父母忙,就建议孩子自己去。但是,孩子从来没单独去过一次,每次我们问起来,孩子总是面不改色心不跳地说:"老师不让我学。"

有一次,孩子和小表妹一起打扫卫生,由于孩子扫地速度快,小表妹速度较慢。孩子又要打扫客厅的最前面,让站在前面的小表妹让步,小表妹让路的速度慢了一些,孩子就直接用扫帚将其推开,小表妹来向我告状。我找到孩子,问他事情的经过及原因,他说完后,让我大吃一惊,从孩子口中说出的一大段话竟没有一句是承认自己错的，而将错的原因推到了"她自己速度太慢了"，我紧接着问："难道你就没有做错吗？"看着孩子有些迷茫的眼神，我心里真的很失望：孩子怎么了？他们的责任心都到哪里去了？

孩子似乎总不愿意融合到人群中，在他们眼里总希望自己是对的，别人是错的。假如自己做错了，他们还会把责任推卸到其他人身上，这就是拒绝"融合"效应。然而，不懂得负责，不懂得责任重要性的孩子永远也长不大。而那些凡事能够作出一番成就的人，都是懂得为自己的过失买单并且敢于承担责任的人。

所以，父母应该努力把孩子培养成一个负责任的人。当孩子们能够主动、自觉地尽职尽责，就可以获得满意的情感体验；相反，当孩子没有责任心，不能尽责的时候，就会产生负疚和不安的情绪。

### 小贴士

1.让孩子学会对自己负责

一个人只有懂得尊重自己的感情，尊重自己的理想，珍惜自己的年华和生命的活力，才能从自己的理想出发来安排现实生活。责任心的培养是一个人成熟的标志，父母应该让孩子明白，无论孩子做什么事情，都是为他们自己，如果他们什么也没有做好，没有得到大家对自己的认可，那么，他们就是对自己不负责任，最终，影响的还是他们自己。

比如，孩子的大部分责任是学习，假如学习不够认真，那就是对自己不负责任。此外，父母需要告诉孩子，对自己负责还包括对自己的事情负责，凡是能够自己做的事情都自己去做，包括穿衣、洗脸等，孩子只有从小养成对自己事情负责的良好习惯，才有可能慢慢学会对父母、朋友、老师等有关的人和事负责。

2.引导孩子学会善待他人

关心他人，善待他人，这是培养孩子对家庭和社会的责任心的基础。在日常生活中，引导孩子关心老人、病人和比自己小的孩子；当爷爷奶奶生病的时候，引导孩子照顾他们；知道朋友的生日，并在生日那天给朋友送上一份生日礼物。

3.让孩子学会反省

阿德勒认为，孩子需要适时反省。当孩子们在分析问题的时候，只会考虑到别人的过错，总是为自己找借口，这有可能会导致他们缺乏责任心。遇到了困难不能解决，就把责任推到父母头上去；学习成绩不好，就把责任推到老师头上去。这些都是不良的行为习惯，父母需要告诉孩子：任何一件事情，我们首先应该反省的是自己，分析自己过失、对错，明白自己在这件事中应该负什么样的责任。

## 懂得爱，不应只在感恩节

感恩定律，心存感激，让世界充满爱。一位心理医生曾认为，治疗对人际关系有障碍的心理病患，最好的药方就是教会他如何感恩。教育孩子的根本目的是什么呢？是让孩子怀着一颗感恩的心生活，怀着感激的心情去学习，感恩成为了他学习的动力，因而他的心里充满了爱和温暖，也使自己成为人见人爱的孩子。

对于正在成长路上的孩子，他需要一颗感恩的心，父母不要让孩子认为什么都是别人应该做的，而要教育孩子理解父母或理解他人，以一种感恩的心态来面对父母，对待他人。这时候，父母就犹如孩子的一面镜子，自身应该在孩子面前做好榜样。

小雯是爸爸妈妈领养的，养父养母还有一个儿子。小雯是家里的小公主，尽管家庭环境不是特别好，但爸爸妈妈总是尽可能满足她的要求，她在家里可以单独用沐浴露、洗发水，单独吃比较好吃的东西。但是小雯还是无法满足，每天抱怨住得比别人差，吃的没有别人好。

有时爸爸妈妈一生气就对小雯说："那你回去你亲生的爸爸妈妈那里吧。"这时小雯总是霸道地说："我才不要回去那个鬼地方呢，我们家穷得要死。"不懂感恩的小雯让爸爸妈妈感到十分痛苦和无奈。

阿德勒认为，如果一个孩子连最起码的感恩都不懂得，你还指望他去爱谁呢？现在的孩子大多数是独生子女，从小就在宠爱中长大，他一个人得到了家人的所有关爱。这时候，如果父母不教导孩子学会感恩，那么时间长了，在孩子心里就会形成这样一种观点：自己接受多少都是应该的。这样的孩子长大以后，就会表现出缺乏爱心的人格，成为人们避之唯恐不及的人。

"感恩教育"的缺失是多方面的，作为家庭教育的施行者也有一定的责任，现在的父母过多地注重孩子的学习，而不注重孩子的心理品质，孩子就会因为纵容而变得越来越任性。

### 小贴士

**1.对孩子不要事事包办代替**

随着孩子年龄的增长，他学会了做很多事情，也可以独立地完成一些事情，这本来是一种很好的习惯。一旦父母对孩子保护太多，干预孩子太多，为孩子打理了一切事务，那么孩子就会渐渐习惯父母的包办代替，甚至觉得父母这样做是理所当然的。时间长了，孩子就很难再感谢父母为自己所做的一切了。所以，对孩子父母不要事事包办代替，不要为孩子打理一切事务，学会让孩子独立去做一些事情，一方面锻炼他的独立生活能力，另一方面，教导孩子学会感恩。

**2.不要有求必应，更不要无求先应**

面对孩子提出的要求，父母应该首先考虑是否合理，如果是不合理的就要坚决地拒绝，并告诉孩子哪里不合理，不要对孩子有求必应，而是应该让孩子自己去争取所需要的东西。当孩子通过了自己的努力去获得所需的时候，他就懂得了珍惜，也明白了自己的生活是幸福的。有的父母给孩子提供很丰富的物质条件，久而久之，孩子会觉得这一切来得太容易了，甚至认为这是他本来就应该拥有的，于是不懂得珍惜。

3.为孩子做好榜样

身教的力量远远大于言教，父母在面对自己的父母时，要表现出尊敬和孝顺，感谢父辈的养育之恩。家里有好吃的要先给老人吃，逢年过节要给老人送礼物，如果老人离得比较远，也要经常打电话。让孩子看到父母对自己有爱，对长辈一样有爱，也经常告诉孩子，要关心和孝顺长辈，孩子虽然还小，但长期的耳濡目染，也会在他那幼小的心灵里洒下感恩的种子。

4.不要太多地谈论自己的苦恼

许多父母常常会在孩子面前说："爸爸妈妈这么辛苦都是为了你啊！"这从表面上看是希望通过诉苦这样的方式来强调父母付出比较多，其实却恰恰相反，这容易给孩子造成心理负担，它暗示了"我付出这么多给你，你要偿还"，这样教育下的孩子只会用"形式对形式"来感恩。所以，父母在向孩子灌输"感恩教育"的时候，要适当地谈论自己的苦恼，而不是过多地谈论，否则会使"感恩"变了味道。

# 第03章
## 自信回归，聆听阿德勒论孩子的自卑与超越

著名教育家第多斯惠说："教育的本质不在于传授知识的过程，而在于唤醒、激励和鼓励。"阿德勒总是鼓励孩子自信起来，许多孩子看起来自卑，其实往往是父母在教育时忽略了对孩子自信心的培养。

## 由内而外地赏识孩子

赏识教育十分重要，孩子永远在等待父母的赏识。不过，赏识教育并不只是表扬和鼓励，父母需要做的是赏识孩子的行为结果，以强化孩子的行为；父母赏识的是孩子的行为过程，以激发孩子的兴趣和动机。

对此，父母在赏识教育过程中，需要创造环境，以指明孩子发展方向，适当提醒，增强孩子的心理体验，从而纠正孩子的一些不良行为。父母对孩子的点滴进步能否给予充分的肯定与热情的鼓励，不但是一个方法的问题，更是一个教育观念的问题。

赏识是一种理解，更是一种激励。赏识教育，其实是在承认差异、尊重差异的基础上产生的一种有效的教育方法，这是帮助孩子获得自我价值感、自信的动力基础，更是孩子积极向上，走向成功的捷径。只要父母可以真正地理解孩子，尊重孩子，赏识孩子，那孩子一定会健康积极地成长。

赏识教育对孩子有很大的好处：

1.让孩子懂得自尊自爱

孩子的攻击性行为往往是在受到指责和冷遇后得不到应有的尊重和信任，从而产生的逆反心理。实际上每个孩子在成长过程中都会出现一些问题，只是有些父母比较开明，他们相信孩子是好的，相信孩子是聪明的，同时不断地鼓励孩子，从来不嘲讽孩子。于是，在赏识教育中，让孩子感受到尊重，在保护孩子自尊心的基础上指出不足之处，给孩子留了面子，同时还让孩子自己去发现不足之处，学会了自爱，让孩子知道要得到别人的尊重，第一就是要学会尊重别人，减少了孩子本身的攻击性行为。

2.帮助孩子克服自卑，增强其自信心

在孩子童年时期，他们的自我意识的产生主要是通过教师和成人对他的评价。从某种程度上说，孩子的自信是父母和老师树立的，特别是当孩子赢得了成功或在原有基础上有了进步的时候，要及时肯定和强化，孩子会有一种感觉：我很行！这就是孩子的自信心，一旦他们拥有了就会愿意接受其他的任何挑战。

3.帮助孩子找到自己的潜力

每个孩子的聪明才智和先天禀赋不一样，以至于几乎在完全相同的条件下，有的孩子会有突出的天才，有的孩子在另外方面有惊人的成就。比如，有的孩子对美好事物的感悟力超强，有的孩子有着强烈的好奇心，什么事情都想要弄个明白。父母需要尊重孩子的个体差异，对孩子们的要求不能整齐划一，需要因材施教。

尽管许多父母都意识到了对孩子进行赏识教育的重要性，不过，许多父母并没有理解赏识的真正内涵。盲目赏识不但不能让孩子从中受益，反而会给孩子的健康成长带来很大的问题。

赏识是父母发自内心对孩子的欣赏，这种欣赏不但可以通过夸奖的语言表达出来，也可以在不经意间，通过表情、肢体动作流露出来。当然，这些微妙的信息，孩子都是可以感受到的。因此，真正的赏识教育，父母需要从自己内心出发，由内而外的赏识，这样才能真正发挥赏识教育的作用。

### 小贴士

1.发现孩子的"闪光点"

每个孩子都是独一无二的，在他们身上肯定有一些与众不同的地方。对此，父母需要有一双善于发现的眼睛，发现孩子的"闪光点"并及时肯定和强化，让孩子的优点在父母的欣赏和赞美声中发扬光大。

2.打破"理想孩子"的想法

就好像我们每个人都有一个"理想的自己"一样，基本上所有的父母心中都有一个"理想孩子"的形象，不过，在平时生活中，你的孩子可能并不是父母理想中的样子。因此，真正的赏识教育需要父母不要用头脑中"理想孩子"作为尺子去衡量孩子，而是应该尊重孩子，从实际出发，尊重孩子的个性。

### 3.赏识孩子的努力和进步

每个孩子的智力水平相差并不会太大,只不过有的孩子在其中某方面比较擅长一些,有的孩子在另外一方面更擅长一些,而那些先天的因素并不是孩子自己可以把握的。而且,一个孩子最终是否发展得好,关键在于孩子的努力,因此,父母需要赏识孩子的努力和进步,而不是聪明才智。

### 4.赏识孩子要趁热打铁

当孩子做得好的时候,父母不要泛泛夸奖,最好是能够发现孩子这一次比上一次好在哪里,这样才能激发出孩子的动力和热情,争取下一次做得更好。而且,赏识孩子要趁热打铁,及时鼓励,以免孩子因没有得到及时的鼓励而感到失望,这样就会削弱赏识教育的效果。

### 5.巧借他人之口赏识孩子

别人的评价是孩子确立自信的一个外在标准,有时候孩子希望得到父母之外的人的赏识。因此,在对孩子的教育过程中,父母可以巧借别人之口夸奖孩子,确立孩子的自我意向,比如,父母可以说:"王叔叔觉得你很有礼貌。"

### 6.从孩子犯错中发现其优点

孩子犯错是免不了的,他们总是在不断地犯错、纠错的过程中长大的。因此,关键问题不在于孩子是否犯错,而在于采取什么样的态度让孩子意识到自己的错误并加以改正。父母要善于在孩子的错误中发现其优点,用赏识的眼光去看待孩子的错误，这比严厉的批评更有作用。比如，当孩子犯错之后勇于承担责任的时候，父母要记得称赞孩子。

## "正向强化"孩子成长动机

及时对孩子的进步进行评价，能强化孩子进步动机，对孩子进步起到促进作用。这就是阿德勒的育儿智慧——适当表扬的效果明显优于批评。

赏识教育不但是一种教育，更是一种心态。因为每一个孩子都有自己的长处和短处，不过并不是每一个孩子都有能力把短处变为长处。这时候父母需要有一颗宽容的心，不要时时刻刻揭露孩子的短处，这样孩子才会有信心发展自己的长处。比如，有的孩子学习成绩不理想，不过动手能力、生活能力很强，所以，即便孩子考试不及格，父母也不要太过批评他，而要多使用"正向强化"。

假如孩子在学习方面有了很小的进步，那父母要及时地表扬。父母需要理解，假如孩子考不上大学而成为一名优秀的技术工人，那也是一种人生的成功。父母需要学会宽容、真诚地善待孩子，你会发现每个孩子都有自己的优点。

杜鲁门当选美国总统后，有一天，一位客人来拜访他的母亲。客人笑着对杜鲁门的母亲说："有哈里这样的儿子，你一定感到非常骄傲吧！"杜鲁门的母亲笑着回答说："是这样的，不过，我还有一个儿子，他同样让我感到十分自豪，他现在正在地里挖土豆呢！"

原来杜鲁门的弟弟是一位农夫，不过，母亲并没有认为这位做农夫的儿子是没有能力的，对她而言，每个孩子都令自己感到骄傲，不管儿子是总统还是农夫。杜鲁门的弟弟在接受记者采访的社会，他是这样说的："我为哥哥感到骄傲，他将是美国最优秀的总统之一，不过我同时也为自己感到骄傲，我是一名农夫，用自己的双手养活了自己，照顾了父母。"

杜鲁门的弟弟是如此的自信，而这样的自信正是来自母亲的赏识。在中国的家庭里，父母常常会把自己孩子的短处和别人孩子的长处相比，甚至把别人的孩子过度地美化和夸张，本来想给自己的孩子树立榜样，实际上却给孩子带来很大的伤害，甚至影响到了孩子的一生。

阿德勒认为，每个孩子都有自己的长处和优点，尽管孩子的天资有别，学习事物有快有慢，学习成绩也有高有低，不过判断一个孩子的好坏，不能只看某一个方面。父母不能只凭长相、成绩等某个方面就认为孩子不如别人、没有出息，而是应该善于发现孩子们的优点，发现孩子的长处，一定要相信自己的孩子是最优秀的，把赞美声送给孩子，让他们在赞美声中继续发扬自己的优点和长处。

周末，学者到当地的一位教授家中做客，一进门，他就看到了教授5岁的小女儿，孩子满头黑发，漂亮的大眼睛让人觉得十分可爱，他不禁在心中称赞这个孩子真漂亮。当学者把带过去的礼物递给小女孩的时候，孩子微笑地向他道谢，这时学者忍不住夸奖："你长得真漂亮，真是可爱极了！"

不过，这位教授似乎并不领学者的情，在小女孩走了之后，教授的脸色一下子变了，他对学者说："你伤害了我的女儿，你要向她道歉！"学者感到很奇怪："我只是夸奖了你的女儿，并没有伤害她呀？"不过，教授却摇头说："你是因为她的漂亮而夸奖她，不过漂亮这件事，不是她的功劳，这取决于我和她母亲的遗传基因，与她个人基本上没有关系。不过孩子还很小，不会分辨，你的夸奖会让她认为这是她的本领，而且她一旦认为天生的漂亮是值得自豪的资本，就会看不起那些长相平庸的孩子，这会误导她的想法。"

教授继续说："其实，你可以夸奖她的微笑和有礼貌，这是她自己努力的结果。所以，请你为你刚才的夸奖道歉。"学者只好很正式地向教授的小女儿道了歉，同时称赞了她的微笑和礼貌。

在阿德勒看来，父母应该赏识孩子的勤奋和努力，对孩子的努力给予最热情的支持和鼓励，不要因为自己孩子的不聪明而感到气馁，而应该为孩子的不努力感到担心。所谓的天才，其实是百分之一的聪明加百分之九十九的勤奋。父母应该淡忘孩子的聪明，重视孩子的努力，并把这种理念传递给孩子，让他们感觉到只有努力才可以赢得称赞，最终他们会明白这个道理：聪明往往只能决定一时的成败，而努力则决定了一世的命运。

许多父母把赏识与赞扬等同起来，在他们看来，赏识孩子就是告诉孩子："你真棒！"事实上，赏识教育远远不是说一句"你真棒"这样简单。赏识首先应该是一种心态，一种欣赏孩子的心态，而赞扬只是赏识的一种手段而已，父母只有把赏识的心态融入称赞中，孩子才会感受到赏识教育的力量。

**小贴士**

1.真正的赏识来自父母的内心

父母总是希望自己的孩子是最好的，不过，在父母的眼里，自己的孩子总是不如别人的孩子好，这到底是为什么呢？这主要源于父母望子成龙的心态。实际上，每个孩子都有优点，也有缺点，因为父母每天跟孩子生活在一起，所以他们总是看到孩子的缺点，而渐渐忽视了孩子们的优点。

2.赏识孩子后天的进步

赏识孩子的时候，只能赏识孩子的努力，而不应该赏识孩子的聪明与漂亮，因为聪明与漂亮是孩子先天的优势，而不是孩子值得炫耀的资本和技能，不过努力和进步则不是这样，这是孩子后天的表现，应该予以肯定。

### 3.及时赏识

每个人都希望获得别人的认同,孩子更是这样,特别是来自父母的肯定。孩子通过自己的努力,在学习或者比赛中赢得好成绩,这就是值得父母赏识的事情。这时父母就应该及时给予热情的赏识和赞扬,许多事实证明,及时赏识和赞扬孩子,比后面再给予赞扬所起到的作用要大很多。

有时孩子需要的不仅是父母一句赞扬的话,他们更需要得到父母的重视和关心。假如父母没有对孩子的成绩表示出及时的关注,这会让孩子们感到失望,甚至有可能让孩子失去继续努力的动力。及时赏识孩子,表现出父母真心的赏识,这将会向孩子传递一种强大的精神力量,会让孩子更加自信,从而激励孩子奋发向上,让孩子健康快乐地成长。

## 别对孩子"鸡蛋里挑骨头"

当孩子还很小的时候,父母呵护备至,担心孩子受一点点伤害,几乎都是按照孩子的想法来做事。但是,随着孩子长大了,懂事了,父母却发现孩子开始出现了问题,总和自己想象的差很远,这时父母便开始按照自己的意愿来要求,来刻画自己孩子的模型,看孩子哪里都是挑剔的眼光,不是这个不行,就是那个不行,父母总会说孩子存在的各种问题。从他们的口中，似乎孩子没有优点，只有缺点。如果父母们总是用挑剔的眼光看孩子，那这对孩子的成长是很有害的。

小丫上小学一年级，妈妈总是说她这没做好，那也做不好，她已经习惯妈妈的唠叨了，反正爸妈不说她，她就几乎不想做作业了，因为长时间的挑剔要求让她已经习以为常。小丫妈妈在别人面前也说她，这也做不好，那也做不好，还说她不听话，她看着好像没什么，不过心里还是感觉不舒服。

尽管孩子年龄比较小，对父母的举动没有太大的反应，不过等到孩子长大了，到了上初中的时候，孩子的叛逆就来了。所以，父母不能用挑剔的眼光去看待自己的孩子，每个孩子有自己独立的想法，假如父母不顾孩子的自尊心，一味地挑剔，就会让孩子在打击声中越来越自卑。

在阿德勒看来，即便孩子现在的表现还不能让你满意，也不要太过于着急，而要用欣赏的眼光看待孩子，发现孩子的优点和长处。当然，欣赏孩子并不是一味地鼓励或赞扬，而是要真正认识到孩子的才能和所做事情的价值，给予充分的重视和赞扬，支持孩子朝着他自己所喜欢、所擅长的方向发展，让孩子最终获得精神丰富的人生。

许多父母的挑剔是多方面的：

1.过高的要求

许多父母为孩子制定了过高的要求，如学习成绩优秀、生活习惯要好、要参加各种活动和培训班等，都是按照父母设定的要求去做，孩子自己没有控制权。有的父母对自己的孩子要求很高，孩子不能犯一丁点错误，一旦出错就是责骂和打击，在这样环境下成长的孩子容易自卑，做事情不能放开做，想问题没主见，做事情不独立。这样的孩子长大后，思维比较狭窄，考虑问题不全面，没有创新意识，而这都是小时候造成的，因为父母没有给孩子思考问题的机会，没有给孩子创新的机会。

2.过于挑剔

父母对自己的孩子太过于挑剔，只要挑出来一个毛病，就会加倍挑出其他的毛病。对待孩子身上的毛病，父母需要一分为二地去看待，毕竟孩子很小，毛病肯定会有，没有毛病的孩子几乎不可能存在。有的父母觉得自己孩子学习成绩不好，就觉得他什么都不好，看到小孩子出现小问题，就用放大镜去看，以偏概全，结果孩子就在挑剔的眼光中自卑而委屈地成长。

许多父母望子成龙的心态太过急切，他们好像容忍不了孩子暂时的落后与普通的成绩，往往把自己急躁的情绪洒在孩子身上，对孩子呵斥、打骂，不过这样做的结果往往是适得其反。

**小贴士**

父母如何调整自己的眼光？

1.用发展的眼光看待孩子

父母应该用发展的眼光看待孩子，允许孩子犯各种错误，不过父母要及时帮助孩子改正，不要等自己想起孩子以前所犯过的错误，现在自己有时间了就开始教育孩子，这其实就是违背了教育的及时性，即便父母再怎么样说，那孩子也不会听你的。

2.等待孩子慢慢成长

父母要学会等待孩子的成长，孩子毕竟还很小，他的想法不可能跟大人一样，父母要允许孩子有自己的想法、做法，等孩子长大了，见识多了，他就会慢慢地纠正过来以往那些不足的地方。

3.了解孩子的想法

父母要学会和孩子共同探讨一些问题，从而了解孩子的想法，引导孩子的思维，同时激发孩子对知识的渴望，允许孩子说出一些稀奇古怪的想法，让他自己去找资料来验证，或者父母给孩子提供资料。

## 避免教育中出现的"马太效应"

在教育中，"马太效应"的作用是消极的。假如不注意这种"马太效应"，那就必然造成只重视和培养少数拔尖学生，忽视和放弃大多数学生，形成少数和多数的隔阂、分化、对立的后果。一位8岁孩子的父母说，他儿子学唱歌得到老师表扬，但他提醒孩子不要得意，理由是还有更优秀的孩子。听到了父母这样的评价，孩子觉得很委屈。

阿德勒指出，许多父母看不到孩子的进步，总喜欢拿自己的孩子的某个方面与更优秀的孩子比，结果是越比越不满意，这样下去孩子的压力也与日俱增。在这里，父母需要给予孩子一个平等的支点。

最近，林妈妈觉得豆豆成绩有所下降，着急的她为了激发豆豆的好胜心，忍不住数落豆豆："你怎么不争气呢，你看你同学丁丁多认真，听说这次考试他又是第一名呢，你要多向他学习，知道吗？""我觉得自己已经够努力了，怎么会把我跟丁丁一起比呢，他每次都是第一名，依我说，他还是在原地踏步呢。"豆豆不以为然地丢了一句给妈妈，林妈妈没有想到豆豆这样说话，她也有点激动了："妈妈这样跟你说，是因为许多小朋友都在努力，你当然要努力点，否则就落后了，到时候成绩下降了怎么办。""哎呀，哎呀，知道了，你别说了，我知道了。"豆豆不耐烦地咕哝了几句，就进屋里了。

林妈妈叹了口气，坐在客厅里沉思了一会，推门进了豆豆的房间，发现豆豆正在整理以前的卷子和书本。林妈妈也蹲下来，细心地帮豆豆整理书本，突然发现有一个醒目的分数"69"，林妈妈大叫起来："这是什么考试的分数，我怎么不知道？"那语气大有一番逼供的味道。"哎，老妈，这都是一年级的时候了，当时你还打了我呢，以我现在的能力，睡着了考试也不只这个分数。"豆豆跟妈妈开玩笑，林妈妈松了口气，赫然想起了有句话叫作"对孩子，纵向比不要横向比"，她有些不好意思地说："整理了你以前的成绩，我看出来你进步了很多，而且这个月的成绩已经明显比上个月高出了不少，妈妈错怪你了，你可不要生妈妈的气了。"豆豆向妈妈做了一个鬼脸："放心吧，我会努力的，妈妈，只要你看到了我的进步，我就会奋勇向前，有一天我也坐上第一名的位置。""嗯，妈妈相信你。"林妈妈信心满满地说。

其实，孩子最好是不要比的，即便是比较那就是纵向比，而不是横向比。这里的纵向比就是比较孩子自身的进步，只要孩子比昨天多了些进步，那就是一种收获；横向比，则是比较与孩子同龄的孩子，许多父母都用以自己孩子某个方面与更优秀的孩子比。这两种比较方法，可想而知，前者会让你看到孩子的进步，后者会模糊孩子的明显进步，更过度增加了父母的期望值。

**小贴士**

1.看到自己孩子的优点

许多父母对于孩子的缺点数落不完，一旦被问到孩子的优点,却显得支支吾吾,半天说不上几个来。其实,这就是很多父母只看到了孩子的缺点,而没有看到孩子的优点,即便是孩子有了一个优点,父母也会横向比较,觉得孩子比更优秀的孩子还是有差距,这样一种心理会促使过高的期望值模糊了父母的眼睛。所以,父母应该看到孩子的优点,只要孩子显露出了一个优点,那就是值得赞赏的。

2.孩子细小的进步,也是值得称赞的一大步

与同龄最优秀的孩子相比,可能自己的孩子总是显得不那么突出,方方面面都不如人意。但是,比起孩子昨天的表现,你的孩子是否已经有了细小的进步呢?以前他可能英语成绩不及格,但现在几乎都能跨过及格的大关,取得了良好的成绩,或许他离优生还有一段距离,但是孩子的进步却是明显可见的,因而这也是值得称赞的一大步。父母要善于去发现孩子每天的一点进步,可能他今天变得有礼貌,他懂得了尊重他人,他开始学会关心妈妈了,等等,这一些点点滴滴的进步看起来微不足道,却是孩子做出的努力,它们值得每一位关心孩子成长的父母进行大力的赞赏。

3.降低自己的期望值

对孩子不满意的根源,就是父母有着过高的期望值,大多数父母会关注到别人孩子的成绩,继而对自己孩子不满意,这就是典型的横向比较。教育专家指出,父母对孩子不满意,可能会引发孩子的心理问题,当孩子所承受的心理压力过大却又

找不到释放的渠道，这时候就容易出现问题。这时候，父母要改变观念，好孩子的标准既是要学习好，又要身心健康，人格健全。父母要合理降低自己的期望值，鼓励孩子的点滴成就，平等地与孩子进行沟通，尽可能地避免自己使用刺激性的语言来对孩子造成伤害。

孩子在纵向比中增强了自信心，却在横向比中丧失了信心而变得自卑，所以，父母要关注到孩子的每一个细小的进步，纵向比而不是横向比。

## 用"沸水"去刺激温水中的孩子

现在的孩子，绝大多数都是独生子女，父母宠爱娇惯，让孩子产生了极强的依赖性。当孩子在进行一项活动的时候，经常会听到孩子还没有去尝试就喊着说："我不会。"他们在遇到困难时就显得灰心丧气，甚至选择逃避。时间长了，他们就成为了惧怕困难的孩子，被困难打倒在地。

孩子们的需求总是摆在第一位，父母尽可能地满足他们。这类父母大概从未想过要用"冷水"或"沸水"去刺激他们，大概也从未提醒过自己的"孩子"对温水要有特别的警惕。别让孩子成了"温水青蛙"，父母有责任，且不容推卸。

放学路上，小坤的心情很沉重，他克制着，不想让自己的眼泪落下来。

回到家，妈妈问道："今天怎么样呢？听说你去竞选班干部了，咋样，选上没啊？"这话说到了小坤的伤心处，他眼睛已经红了，匆忙走进自己的房间，一个人趴在桌子上哭。妈妈有些不解："这孩子，这是怎么了？"

面对这样的情况，父母也很着急，但却不知道该怎么办，有的父母则直接插手帮助孩子解决困难。其实，当孩子遇到了困难，需要的是战胜困难的能力，而不是需要大包大揽的父母。因为他们在成长的过程中，随时都会遇到困难，总有一天孩子需要独自去面对困难、战胜困难。所以，父母应该有意识地培养孩子战胜困难的能力。

阿德勒认为，父母的榜样对孩子行为的形成和改变有着显著的影响。如果父母给孩子树立了不畏困难、战胜困难的榜样，就有助于增强孩子面对困难和挫折的信心，让孩子明白世界上并没有唾手可得的成功，而是需要不断地战胜困难，才能获得最后的成功。

## 小贴士

1.引导孩子正确评价自我

每个孩子都有自己的长处和短处，父母应该给予客观正确的评价，如果你只看到孩子的长处，孩子就会在赞赏的目光中骄傲自满，对自身的不足缺乏认识，不能接受失败；如果父母对孩子充满了过高的期望，会增加孩子的压力，伤害孩子的自尊。不能正确评价自我的孩子缺乏一定的自信，就会选择逃避困难。因此，父母应该引导孩子正确评价自我，让孩子对自己实现目标中可能遇到的困难有所预测，这样，孩子对能否战胜困难就有一定的心理准备。

2.放开孩子，让他去做自己能做的事情

有的父母对孩子溺爱，事事包办代替，这样会让孩子养成娇弱的特点，以至于遇到困难就不知道怎么办了。所以，父母应该放弃大包大揽的做法，放开孩子，让孩子独立去完成自己能做的事情。比如，孩子在学习上遇到了困难，父母应该鼓励他们自己去思考、解决问题，让孩子在生活中渐渐学会独立面对一些挫折，包括人生路上的挫折和困难。

3.给孩子树立榜样，培养孩子战胜困难的信心

在平时的生活中，父母可以给孩子讲述一些名人战胜困难的故事，让孩子以这些名人为榜样，不畏困难。当然，孩子最好、最直接的榜样就是父母，"身教胜于言教"，父母对待困难的态度和行为会潜移默化地影响孩子的态度和行为。

4.适当地批评忽视，培养孩子战胜困难的能力

父母在与孩子一起玩游戏的过程中，总是喜欢让着孩子，让孩子取得胜利，结果让孩子养成争强好胜、自以为是的心态，一旦遭遇了困难，就会沮丧或者丧失信心。所以，父母需

要对孩子进行适当的批评和忽视，指出孩子身上存在的缺点和不足之处，偶尔也让孩子尝尝失败的滋味，让孩子学会自我调节。

5.多给孩子打气，培养孩子战胜困难的勇气

有的孩子在遭遇困难的时候就产生消极情绪，往往会垂头丧气，选择逃避的方式。其实，要想孩子能够独立战胜困难，就要培养孩子面对困难的勇气。当孩子在面对困难的时候，引导孩子采取正确的态度面对，勇敢面对，向困难发起挑战。比如，当孩子害怕去做一件事情的时候，父母应该鼓励孩子："别怕，你一定能行的！"不断地给孩子打气，培养孩子战胜困难的勇气。

# 第04章

## 追求优越,不干涉是父母最好的教育

　　阿德勒认为,不干涉是父母最好的教育。对孩子,父母干涉越多,孩子的逆反心越重,他越会跟你对着干。反之,如果你不干涉,把成长自由给予孩子,孩子反而会朝着你预想的方向成长。

## 阿德勒认为，孩子是社会人

阿德勒告诉我们，人的行为取决于所处的社会环境。孩子对自己的看法以及如何行事，是以他们怎样看待自己与他人的关系，以及他们认为别人怎样看待他们为基础的。记住，孩子随时随地都在做着决定，并形成着对自己、对世界以及对应该做什么才能求存或成长的信念。要想使孩子成长得更快，就一定要给他们活动的自由，而不要让他们拘泥于小事。小学阶段的孩子往往需要依赖父母，以父母为榜样。一旦孩子进入青春期之后，孩子最突出的特点是，生理迅速发展，产生"我是成年人"的感觉。在心理上，由于自我意识的快速发展，孩子进入"心理断乳期"，在心理上要求摆脱父母的依赖，渴望独立，要求父母将自己看作"成年人"，希望自己的意志和人格得到尊重。这一阶段的孩子讨厌父母过分的关心、监护、说教，容易产生逆反心理。

一位家长曾经这样诉苦："我的女儿今年7岁了，在小学一年级读书，在幼儿园时是非常听话的孩子，上小学后完全变了，无论做何事需要自己拿主意，让她好好学习，她偏看小说或打电子游戏机，有时我们说多了，她就发脾气，甚至想离家出走，还口口声声说：'我长大了，我的事，我自己处理。'

我感到困惑，孩子为什么变得与以前不一样了，这正常吗？"

孩子步入"心理断乳期"，开始对家庭、对学校甚至对社会产生了巨大的叛逆心理。儿童时期的孩子从表面上看，尽管已经是一个"小大人"，不过由于他的心理和生理并不是真正地达到了成熟的状态。因此，处于这个阶段的孩子情感起伏十分大、不容易驾驭。即便他有了喜怒哀乐，不仅不愿意向父母吐露，而且还会抱怨父母不理解自己。假如父母处事不妥当，比如对孩子的表现打破砂锅问到底，妄加指责或是漠不关心都会增加孩子的反抗情绪。成长的这一阶段，是孩子的"心理断乳期"。

孩子渴望被成人的世界认同，他渴望通过叛逆的行为来向世界表示自己已经长大了。不过，叛逆也正暴露了他的幼稚和不成熟，就好像是一个标签，在告诉别人，他在长大中，在躁动中寻找一种叫独立的东西。这时父母要耐心等孩子长大，给予他理解，小心呵护他。

## 小贴士

1.迎接孩子进入"心理断乳期"

心理断乳期的真正意义是摆脱对父母的孩子式依恋，走上精神的成熟与独立。所以，父母应把爱孩子的重点放在帮助他们完成从孩子到成人的转变上。父母对孩子心理断乳期倾向应持欢迎态度，这意味着孩子的第二次诞生。

### 2.鼓励孩子自主独立

父母要把孩子的某种离心倾向理解为他的精神在朝着独立自主的方向成长。在心理断乳期，孩子对同龄的朋友的兴趣越来越浓，而对父母的依赖则不断减少。或许父母会觉得孩子变心了，实际上交朋友是孩子在精神上独立于父母过程中的一种补偿。假如孩子有适当的朋友，就不至于由于心理断乳而过度失落。

### 3.引导孩子走出叛逆的消极面

父母应根据孩子的心理特点，从行为和心理上进行引导，教育的方式要多样化。采用平等对话的方式，让孩子把心里话说出来，然后父母把自己的观点、经历讲给她听，让孩子自己进行比较，父母不要采取简单粗暴的方式，要因势利导。

### 4.信任孩子

父母首先要尊重孩子的人格，孩子觉得自己已经长大了，有能力处理自己的事情。这时可以充分利用孩子的这个想法，把家里的一些事情和孩子一起商量处理，听取、征求孩子的意见，对孩子生活、学习中出现的问题，尽量让他自己去解决。不过，父母也可以提出自己的意见，告诫孩子。当孩子遇到困难和失败时，应多鼓励和安慰，及时给予赞扬。而父母犯了错误，也要勇敢承认，尽可能改正。

### 5.尽量避免与孩子发生冲突

当孩子发脾气时，父母应保持冷静，争论激烈时，父母应转移话题或采取冷处理方式，避免孩子萌发对立情绪，逆反心理更强烈。事后在合适的时候，父母可以心平气和地指出孩子的错误和不当之处，帮助孩子积极克服幼稚和冲动行事的坏习惯。

6.鼓励孩子参加集体活动

广泛结交朋友，在集体活动中，丰富、充实自己的精神生活，发展"自我"意识，正确、客观地评价自己，以培养孩子活泼开朗的性格、真诚待人的品德，顺利度过孩子心理发展的这一重要时期。

7.尊重孩子的权利

父母要转变观念，尊重孩子的权利，承认他是一个独立成员，平等相待，对孩子评价要做到恰如其分，不要将孩子与其他孩子相比。在与孩子相处时，要与孩子建立起朋友式的友谊关系，尊重他的自主权与隐私权，尊重、理解、爱护他，多指导少指责，多帮助少干涉。

## 对孩子采取平等的沟通方式

许多父母经常抱怨孩子越来越不听话了，整天不想回家，不愿意与父母说心里话，做事比较任性。而孩子却说，父母一天到晚唠唠叨叨，规定这不许，那不准，真是讨厌。显然，父母与子女之间产生了矛盾。

阿德勒育儿给人们的启示是：在与人沟通和合作中，要特别注意讲究方式方法，避免适得其反、事倍功半。特别是针对孩子，他们的自我意识逐渐增强，要求独立的愿望日趋增强，父母适宜化堵为疏，避开其逆反心理；同时他们的思维能力也在不断提高，通过进行平等良好的沟通，多数可以收到很好的教育结果。

女儿今年14岁了，最近总是喜欢和父母顶嘴，明明无理还要争辩。平时让她干什么事情，总喜欢等父母发了脾气才会行动。而且，挂在她嘴边最常说的一句话就是："要你管我？"

女儿平时不愿意跟父母交流沟通，处处与父母对立，不是频繁地发脾气、与父母争吵，就是乱扔衣服、不写作业，有时还会逃学、夜不归宿。父母没有两句话，女儿就会摔门而去，或者说："得了，得了，我什么都懂，一天到晚数落什么，我不需要你们管！"在学校与同学关系也不和睦，说话总是尖酸刻薄。老师教育他，嘴皮都说破了，她依然不为所动。父母为此都愁死了，不知道该怎么办。

阿德勒认为，进入逆反期的孩子独立活动的愿望变得越来越强烈，他们觉得自己已经不是小孩子了，他们的心理会呈现矛盾的两面：一方面想摆脱父母，自作主张；另一方面又必须依赖家庭。这个时期的孩子，由于缺乏生活经验，不恰当地理解自尊，强烈要求别人把他们看作是成人。

假如这时父母还把他们当成小孩子来看待，对其进行无微不至的关怀、唠叨、啰唆，那孩子就会感到厌烦，感觉自尊心受到了伤害，从而萌发出对立的情绪。假如父母在同伴和异性面前管教他们，其"逆反心理"会更强烈，这时父母要巧妙运用、顺应其心理。

### 小贴士

**1.正确"爱"孩子**

父母应该意识到，对孩子过分的溺爱，实际上是害了他。父母应对孩子既要爱护又要严格要求，对孩子不合理的要求，不能无原则地迁就。假如孩子的企图第一次得逞，之后就会习惯由着自己的性子来，到时候父母想管教也是无能为力。当孩子生气时，父母应避免大声斥责，而可以让孩子做一些能吸引他的事情，稳定其情绪，转移其注意力，等到孩子情绪稳定之后，再耐心地教育他。

**2.对孩子采取温暖的方式**

父母不能因为孩子是自己的，想打就打，想骂就骂，这好像是很正常的，其实这样的教育方式恰恰错了，效果会适得其反。父母可以换个角度思考，站在孩子的立场，教育孩子，处理突发事件。父母应以情感人，以理服人，毕竟小孩子一时半会想不通，需要留给他们一些思考的时间。

**3.冷静面对孩子的逆反心理**

孩子通常不太懂得控制自己，当他对父母的管教不服气时,他可能情绪会比较激动,可能会冲父母发脾气,可能会有过激的言语和行为,这时父母千万不要跟着孩子一起着急,要想办法控制孩子的情绪,可以先把事情暂时放一放。孩子顶嘴时,父母即便再生气也要保持冷静,控制住自己的情绪,不能一看到孩子顶嘴就火冒三丈,甚至对孩子拳脚相加。因为这样做不仅无助于问题的解决,反而会使双方的情绪更加对立,孩子会更加不服气,父母会更生气,这样只会激化矛盾,不利于任何事情的解决。

### 4.多与孩子聊天

当孩子有了逆反的苗头时,要与孩子进行一次亲切的聊天,明确告诉他逆反是一种消极的情绪状态,父母、老师、同学都不喜欢,会影响他的人际交往。否则长时间下去,孩子会变得蛮横无理,胡作非为,不利于自己身心和谐正常发展。父母可以告诉孩子:对孩子的逆反,做父母的有多担心和顾虑,让他感受到他的逆反给身边的人造成的感情负担。

### 5.父母教育方式要保持一致

在面对孩子的教育问题,父母要保持一致的思想。不能父亲这样说,母亲又那样说;父亲在严厉地教育孩子,母亲却在一边护短。面对孩子的教育问题,父母可以先商量一下策略,口径一致后,再与孩子进行交流。

### 6.批评孩子有技巧

不讲方法、不分场合地批评孩子,孩子犯了一个错误就把他过去的种种错误全都翻出来，随意地贬低和挖苦孩子，教育孩子时连同他的人格一起做出批判，这些是很多父母的通病，也容易引起孩子的逆反心理。减少孩子的对立情绪，父母不能滥用批判，批评孩子前先要弄清事情的原委，分清场合，更不要贬低孩子的人格，批评孩子时要考虑孩子的情绪。而且，好孩子都是夸出来的，对孩子要多些表扬少些责怪，经常想想孩子的长处，关注孩子的点滴进步，寻找孩子身上的闪光点。这样一来，孩子平时受到的表扬和鼓励多了，犯错误也容易接受父母的批评。

7.尊重孩子独立要求

有的父母出于对孩子的关心，一心一意想让孩子在自己的庇护下长大成人，而当孩子开始有强烈的独立自主要求，对父母强加的想法和观念十分不满，从而感到逆反时，容易与父母产生冲突。对于孩子的合理意见，父母要尊重，不要对孩子发号施令，以免让孩子产生抵触心理，对孩子尽可能地用商量的口吻"我认为""我希望"，以此改善孩子与父母的关系，减少孩子的逆反心理。

8.倾听孩子的想法

父母要善于营造聆听气氛，让家里时时刻刻都有一种"聆听的气氛"。这样孩子一旦遇上重要事情，就会来找父母商量。父母需要抽出时间陪伴孩子，比如利用共聚晚餐的机会，留心听孩子说话，让孩子觉得自己倍受重视。父母需要做的是顾问、朋友，而不是长者，只是细心倾听，协助抉择，而不插手干预，包揽一切。

## 父母的期望是桎梏孩子的枷锁

阿德勒建议，成功需要一步步的努力，过高的期望值很容易让孩子迷失方向、看不到出路。现在社会竞争压力越来越大，而父母对孩子的期望值越来越高，父母迫切地希望孩子成才，导致孩子的学习负担越来越重，而孩子的逆反心理也越来越强。"望子成龙、望女成凤"由来已久，父母对孩子的期望值过高，是我国目前许多独生子女父母普遍存在的现象。通常孩子到了三四岁，父母就开始琢磨应该让孩子学点什么，假如是孩子本身愿意去学，那也无可非议，但我们看到更多的是父母威逼利诱让孩子去学这个、学那个，结果弄得自己苦不堪言，而孩子也失去了快乐的童年。

8岁的小文是家里的独生女，爸爸妈妈都对她寄予了很高的期望，要求女儿在各个方面都能表现出色。为了让小文有一技之长，爸爸妈妈一口气给她报了钢琴、小提琴、绘画等多个学习班。小文因此变得很忙，本来可以放松一下的周末竟然比平时学习还累。

虽然如此，一段时间之后，小文的学习成绩有所提高，在学校以外的活动中也有出色的表现。在爸爸妈妈眼里，小文越来越优秀了，他们更加坚定地给小文灌输着"事事争第一"的思想，不过小文却慢慢表现出了一种病态的敏感。即便是爸妈、老师的一个眼神，她都猜想是不是自己哪方面没有做好，身边的同学受到老师的表扬让她感觉到不小的压力。小文陷入了紧张和郁闷之中，偶尔表现出有些"神经质"。

很多父母对子女抱太大的希望，经常不自觉地给孩子施加压力，强迫孩子在小小年纪就去学这学那。结果，许多孩子对学习产生了厌恶情绪，有的还严重影响到身心健康。"望子成龙"是许多父母的美好愿望，这是无可厚非的，不过父母必须明白不是每个人都成得了"龙"，不要苛求自己的孩子，也不要让孩子过早背上沉重的思想包袱。

父母的期望值过高对孩子而言并不是一件好事情，有时候甚至会出现可怕的后果。有的孩子本来有自己的优势所在，不过假如父母的期望值过高，偏离了孩子本来的情况，就会让孩子变得不自信、没动力，甚至产生厌烦、叛逆等心理，这不仅不利于孩子的进步，反而容易让孩子的心理出现问题。

小贴士

1.什么是成功的教育

父母怎么样才算对孩子尽到了责任，怎么样才算教育孩子成功？或许父母都喜欢用"出人头地""成名成家"来衡量。实际上，教育的最高理想不是培养多少不可一世的大人物，而是培养出多少和谐幸福的人。对父母而言，教育孩子不一定要把他培养成教授或博士才算成功，关键是要让孩子成为一个幸福的人。

2.尊重孩子的兴趣爱好

父母应该设身处地考虑孩子的实际情况，照顾孩子的兴趣爱好和实际能力，尊重孩子的意愿，而不是盲目地要求孩子按照父母预先设计的轨道成长，千万不要对孩子提出过高的期望要求，需要注意给孩子减轻过重的精神压力。不要将孩子人生的最大砝码仅仅押在学习成绩的拔尖上，毕竟，培养孩子有健康的心理、美好的品格和良好的动手能力，远比考试成绩更重要。

3.降低期望值

要想让孩子快乐地成人成才，父母首先要有平和的心态，降低期望值，给孩子减压，根据实际情况和孩子一起制定合适的奋斗目标。父母平时要注意不只看孩子的考试分数，更要帮助孩子发现长处和分析不足，做到扬长避短。对已经出现的问题，要给孩子指出以后努力的方向，以孩子乐于接受的方式教育，促使孩子养成良好的习惯。

## 引导孩子完成自我塑造

　　生活中，父母常常按着自己固有的认识和愿望去塑造孩子，却忽视了孩子本身是一辆马力十足的轿车，而自己却正用两匹马的力量在拉着他们前行。

　　每个孩子最初都是一只完美的杯子，而后来每只杯子总是被人不同程度地伤害，或父母或老师。最终，被伤害的孩子疏远了父母，与父母之间形成的隔膜日渐深厚，可我们还是听到父母大声地责备："你怎么永远那么笨。"教育专家研究发现，在一个普通家庭里，一个孩子平均受到十次批评才能得到一次表扬。所以，许多孩子在成长过程中总是感觉到自己很失败，他们封闭了自己的世界，变得性格孤僻、敏感。其实，这大部分都是由于父母在每天与孩子谈话中传递给他们这样的信息。

　　林妈妈周末带着孩子去邻居家串门，正好撞上李太太正在训斥孩子，那孩子看起来很害怕，身子也不停地颤抖，连正视李太太的勇气都没有。李太太见来了客人，收敛了自己的情绪，还不忘对着孩子骂了一句："我说你真是笨啊，朽木不可雕也。"林妈妈吩咐豆豆："去带着弟弟出去玩吧。"孩子带着那小男孩出去了。

　　林妈妈和李太太开始聊起了孩子的教育。李太太说，孩子不争气，这次期中考试几门功课都才刚及格。林妈妈能体会李太太那种望子成龙的心情，但孩子那惶恐的表情更让自己心疼。林妈妈有些担心地问:"孩子跟你亲近吗?""什么亲近不亲近,每天都在家里,不过除了我教训他,他可从来不敢在我面前讲话。"李太太有气无力地回答,林妈妈听了这话,有点担心那孩子的心理,不顾李太太的面子,反问她:"看你骂孩子笨蛋,难道孩子就像一块废铁,一点优点都没有吗?"

很多父母都会犯这样的错误,总是大肆宣扬自己孩子的缺点,好像孩子真的浑身上下一无是处。但是,当有人问到孩子的优点时,他们却支支吾吾答不上来。许多父母对自己的孩子不满意,越苛刻,孩子表现就越差,而且性格越来越孤僻,真正成为了父母口中所说的"失败者"。难道孩子真是像父母说的那样没用吗?每个孩子都有自己的优点与缺点,愚笨的父母只放大了孩子的缺点,却忽视了孩子的优点。

阿德勒认为,孩子在成长过程中也需要适当的赞扬,他们才更有勇气去挑战未来,而一味地责备与批评只会打击孩子的自信心,让他们变得自卑,变得敏感。其实,每个孩子都是优秀的,这种优秀需要父母的耐心和宽容。多看看孩子的优点,这是每一位在困惑中的父母所需要做的。

### 小贴士

1.正面积极肯定孩子的优点

有的父母看到了孩子的成绩给予了赞扬,但这样的赞扬只会短暂地出现，让孩子感到骄傲与自豪。当孩子的优点成为一种习惯的时候，他们就觉得孩子的表现已经得到了肯定，便不再赞扬他这种行为了。事实上，这时候，孩子会觉得自己的积极性受到了打击，慢慢就失去了做事情的兴趣。阿德勒认为，孩子在表现出彩的时候，父母应该给予正面的赞扬与肯定，积极的正面肯定会让孩子感受到父母的喜悦，给孩子带来了愉快的心理感受，这样强化孩子的表现，促使孩子做得更完美。

2.顺应孩子的特点，欣赏其独特的一面

每个孩子都有自己的特点，有的孩子可能还有轻微的自我封闭倾向，这时候，父母也不要感到大惊小怪。这些特点也是孩子人格的一部分，父母的斥责只会激起孩子的逆反心理，让孩子的个性倾向越来越严重。如果父母发现孩子有一些与众不同的特点，寻找出其特性中的积极因素，因势利导，孩子就容易变得快乐自信起来。

3.父母要善于发现孩子的闪光点

每个孩子都是优秀的，父母缺少的是那一双发现闪光点的眼睛，这就需要父母去发现孩子的优点，给予孩子肯定与鼓励，帮助孩子树立起自信，完善自己的人格。比如，有的孩子总是在家里搞破坏，把东西拆了，表面上看是一种调皮的行为。但父母若从另外一个角度看，孩子是喜欢动脑筋的聪明孩子，对于孩子的聪明要给予正面肯定，对于孩子的行为也要积极引导，而不是打击孩子的积极性。面对孩子，父母一定要善于发现孩子的闪光点，尽量以鼓励为主，多一些宽容，少一些苛刻，这样才有利于孩子健康地成长。

## 成长是一个破茧成蝶的过程

人生是一个成长的过程，也是一个"破茧成蝶"的过程，那就意味着孩子在这一阶段，必须一个人去承受成长过程中的烦恼与挫折，必须接受人生的种种考验。这样的挫折在父母看起来是十分微小的，但却成为孩子心中的困扰。

也许是非常重视的一门功课或一次比赛上，不小心搞砸了；也许是孩子正急着往学校赶，但自行车链条却突然断了；也许是向老师热情地打招呼，但他却不理不睬；也许是上课时，积极地举手发言，但老师总是提问别人。这样一些看似微不足道的事情，却时时困扰着成长的孩子们，甚至让孩子感到不知所措，那时候他觉得无奈、无助、灰心丧气，不知道自己该怎么办。其实，挫折是人生道路上必须经历的过程，也是孩子成长的一个过程，只要孩子战胜挫折，直面困难，才能健康地成长，成为一个真正的成人。

学校准备举办高中部篮球赛，最终胜出的班级将代表学校与另外一所中学比赛，面对着这样一个大好机会，每个班都在抓紧时间训练，而林波作为班上篮球队的坚实后卫，显得比谁

## 第04章
追求优越，不干涉是父母最好的教育

都热心。每天中午，他都会和小松召集班上的球员一起练球，共同谈论一些比赛事宜。离比赛的日子越近，林波就显得越兴奋，经常在睡梦中都梦见自己驰骋在篮球场上。这天，林波和球员们如往日一样练球，谁知他一不小心跌倒了，直接趴在了水泥地上，当时腿部就流血不止，班上同学七手八脚地把他抬到了医务室。经过简单包扎之后，他回到了教室，面无表情，想起刚才医生的话："你这伤口虽然不大，但是这些天会影响到你跑步，最好不要参加剧烈活动，好好休息，才能康复。"出来之后，小松就拍拍林波的肩膀："好兄弟，你就好好养伤，做我们最坚实的后盾。"林波明白，看这样子，自己是不能参加比赛了。

回到家之后，面对爸妈关心的问候，林波没有太多的语言，一个人坐在沙发上发呆。这次比赛是一个难得的机会，也是自己中学生涯中最后一次比赛，因为进入高二之后，学业加重，根本没有时间去打球。所以，林波一直希望能正式地参加一次比赛，这对于自己的篮球生涯也是一个完美的句号。可没想到，偏偏出了这样的事情，林波一下子无法接受，特别是看着操场上训练的身影里已经没有了自己，他忍不住趴在桌子上，留下了无奈的泪水。

爸爸看着伤心的林波，没有说话，也没有安慰，因为他相信这孩子能够凭着自己的力量从悲伤中站起来，他需要做的就是陪伴着他。第二天中午训练的时候，同学来到教室找林波，兴奋地跟他说:"林波,跟我们一起训练吧,小松说你现在作为我们的教练,跟我们一起参加比赛。"林波有些惊讶:"可我,我这样子。"同学安慰着说:"没事,你陪着我们,我们就一定会胜利的。"于是,在同学的搀扶下,林波慢慢走向了篮球场。

人生漫漫长路,似乎没有尽头,所以人生中的挫折对孩子们的考验也是没有尽头的。在人生的旅途中,总是有一些挫折和困难在等着孩子,本来灿烂的天空总是会飘来朵朵阴云,这时候就需要父母正确认识并引导孩子。

### 小贴士

1.成长本身充满困惑和冲突

阿德勒认为,成长,对于每一个孩子来说都是一个美好的时代,是一个快乐的时代,也是一个绚丽多彩的时代,更是一个困惑和矛盾冲突的时代。处于成长期的孩子,生理发育逐渐成熟,但心理上的成长却落后了,形成一个尴尬的局面。

2.引导孩子正确应对挫折

当考试失败、同学关系失意等烦恼一个接着一个地到来,似乎带着一种这个年龄无法承受的压力,张牙舞爪地在孩子面前嚣张着。其实,命运对每一个人来说都是很公平的,没有谁可以一帆风顺,总会碰到这样或那样的挫折,经历这样或那样的困难历程，有的人在挫折面前选择了逃避，有的人则选择了勇敢面对，这其实也是失败者与成功者的区别所在。

3.适时鼓励孩子

父母当然希望孩子健康成长，希望孩子在遇到挫折的时候能够勇敢面对，这时候，逃避、妥协都不是办法，只有勇敢面对，找到解决问题的办法才能更好地成长。也许，这样的过程是痛苦的，但是只要勇敢，只要有毅力，孩子就能迈过难关，迎向成功。

# 第05章
## 家庭地位，解读阿德勒的"儿童心理"

　　孩子从一出生开始便接受父母的抚养和教育，家庭环境的好坏在无时无刻地影响孩子的身心。阿德勒认为，一个家庭的生活、父母的素质、教育方式及家庭成员之间的关系等在培养孩子情操、品德、性格方面起着关键的作用。

## 教育孩子是父母的共同责任

　　阿德勒认为，父母对孩子的教育思想不统一，这对孩子的心理发展是极为不利的。当父母双方难以达成统一的教育思想，就会使二人的教育同时被弱化，这样会让孩子感到无所适从，也会混乱了孩子的是非判断标准。孩子小时候不知道该听谁的，长大后却可能谁的都不听了，他已经厌倦了那种不同教育思想的争执，这样的孩子做事就会患得患失犹豫不决。另外，父母教育思想不统一还极有可能让孩子形成一些不良的行为习惯，因为有可能父母二人的教育方式都是有所欠缺的，比如溺爱与棍棒教育，被这样教育的孩子会沾上一些不良的行为习惯，继而影响他一生。

　　妈妈在学习上很注意引导孩子，从小就教导孩子要知礼仪。在老师的建议下，孩子很小就学了《三字经》《弟子规》等传统文化，是个出了名的乖孩子。无论做事还是说话，都透露着大人的影子，在老师和同学眼里，他也绝对算是一个既聪明懂事又会学习的好孩子。

　　可是，爸爸却不同意妈妈的这一教育方式，他据理力争："这样做事墨守成规是不可取的，应该培养孩子创新的能力。"于是，爸爸鼓励孩子要多坚持自己的想法，千万不能随波逐流，要有创新精神，即使被老师批评了也没有关系。爸爸和妈妈之间的教育思想产生了冲突，两个人经常争论，有时候还会发生争吵。

阿德勒认为，在家庭里，教育孩子是父母的共同责任，但是，在教育孩子的问题上，父母间常存在着分歧，经常会出现种种矛盾，有时候还会影响父母在孩子心中的形象。父母之间如果存在着教育分歧，并常常把这样的分歧暴露在孩子面前，就很容易损伤父母的权威性，继而影响父母的教育效果。

### 小贴士

1.让孩子自己选择

当父母的教育思想不一致的时候，还可以听听孩子的感受，让孩子做出选择。当然，让孩子自己选择，并不是把矛盾推给孩子，而是通过孩子的选择，避免分歧的教育。另外，让孩子选择，主要目的是能够成功地在孩子身上实施，因为不管教育思想多么先进，它唯一的目的就是让孩子能够接受。一些教育方法在孩子身上是没有效果的，而且孩子个性特点不相同，他所能接受的教育方式就有所差别；并不是说孩子的选择一定是正确的，而是尽可能地从孩子的角度出发，协商出适合孩子特点、利于孩子健康成长的教育方式。

## 2.多涉猎一些教育方面的知识

阿德勒认为,教育孩子是一门学问,对孩子的教育是父母共同的责任。而孩子身心健康的成长需要和谐的家庭教育,不能光靠父亲或母亲一方的教育,而是需要父母二人的共同教育。当父母在教育孩子的时候,态度要统一,口径要一致,互相商量,对一些不懂的地方,要善于向有关教育专家请教,或者学习一些儿童心理学、教育学和生理学方面的知识。父母在教育孩子的问题上,之所以会出现那么多的问题,重要原因之一就是缺乏科学的认识。所以,父母要想教育好孩子,就要学一些科学方面的知识,懂得科学的教育方法。

## 3.父母要形成"统一战线"

在日常生活中,父母会在孩子的教育上有意见分歧,这时候,双方都认为自己教育孩子的方法是对的,而对方那种教育方法是错误的。从这种"自以为是"的心理出发,每次在需要教育孩子的时候,常常因为看不惯对方的做法而产生争执。这样,孩子就会在观念上产生混乱,是非价值判断出错,不知道自己到底该怎么做。而且,父母教育思想长期不一致,就会互相指责,继而发生争吵,这样会影响两人之间的感情,也给孩子心理带来不良的影响。所以,父母要统一教育思想,两人通过商量的方式来沟通,尽量使彼此的意见达成一致性。

## 4.切忌当着孩子的面为教育分歧而争吵

父母对孩子的教育意见不一致的时候,不要当着孩子的面批评另一方,否则会让对方感觉丢面子,容易发生争吵,而且被批评的那一方在孩子心中的形象受影响而消减了教育力度。有矛盾的时候,父母双方都要学会克制自己的情绪,先避开孩子,两人协商出一个最好的解决办法。若在教育孩子的过程中,由于父母的教育方法不当而伤害了孩子,就需要父母向孩子真诚地道歉。

## 避免动用盲目的惩罚方式

苏联教育学家苏霍姆林斯基曾经这样说过:"不用理智、温柔的良言善语,用皮带抽和打耳光,如同对雕塑对象不用雕刻家的精巧雕刀,而动用了生锈的斧头。"父母对孩子的教育过程中,有无数的夸奖,就有必要的惩罚,但是,对孩子的惩罚必须是建立在爱的基础之上,而不是动用盲目的惩罚方式。

阿德勒认为,在孩子的成长过程中,会有错误伴随着他每一个脚印,这是无可避免的,父母要培养宽容的心态。这时候,为了帮助孩子认识到自己的错误,若父母能够正确地运用惩罚,不仅能促进孩子的身心健康,还能够培养出孩子良好的学习习惯和生活习惯。这样,孩子会明白父母的惩罚是因为爱,也能够理解或者认可这样的方式,他也会改正错误,变得越来越乖巧与懂事。

然而，在中国的传统观念里，孩子是父母的财富，更是父母的私有产品，大多数父母认为打骂孩子是天经地义的事情。一旦孩子不听话、贪玩、说错话、做错事或者学习成绩不好，父母就对孩子进行打骂，而且，在父母思想里盛行着"棍棒之下出好人"等错误观念。

在这样的传统观念之下，父母面对孩子的错误就进行一系列的体罚，事后他们还能够找理由说服孩子："打你是因为爱你。"其实，对于聪明活泼的孩子来说，体罚带来的危害与影响是异常严重的。每一年都有因体罚事件而酿成的生命惨剧，这值得每一位父母深思。

回家路上，爸爸收到了一条老师发来的短信：这次考试的试卷已经发下来了，希望各位家长引导孩子纠错。后面还附上了孩子的考试成绩，爸爸觉得很纳闷，昨天自己还问孩子最近考试没有，当时他可是一个劲儿地摇头，这是怎么回事呢？

晚上回到家，爸爸问了一句："宝贝，不是到期中了吗？学校考试没有呢？""没有，老师说取消期中考试了。"孩子低着头。听了这话，爸爸有点生气了，明明给了你承认错误的机会，谁想这孩子还是不肯承认。"那怎么你们老师发了成绩的信息呢？"爸爸厉声问道，孩子惊讶地抬头，知道事情败露了，他更不知道说什么好了。"去把试卷给爸爸看看，快去。"爸爸生气地吩咐，孩子拿来了卷子，爸爸看着那试卷上的分数，赫然发现本来英语78的分数变成了88，爸爸拿出自己的手机翻看了一下，确认本来成绩就是78。

爸爸瞪着孩子，知道他偷偷修改了分数，爸爸顺手拾起手边的衣架就开始打孩子，一边打一边骂："狗崽子，让你成绩不好！成绩不好还知道骗人了，好的不学，偏学那不好的，我今天非打死你不可……"

阿德勒认为，体罚教育是一种无能的教育，根本无法解决问题的根源，它只会强化孩子的记忆。体罚的粗暴方式也造成了父母与孩子之间的隔膜，另外，体罚还容易造成孩子孤僻的性格，极易形成自卑、胆怯等不良心理品质。

如果孩子长期处于体罚的压力中，他就会心生反抗情绪，无论父母说什么，孩子都不会顺着你的意愿去做，反而处处与父母作对，这对于教育本身来说，毫无帮助而言。

所以，父母应该摒弃体罚的观念，以爱心和耐心来引导孩子走出错误的泥潭，促进孩子身心健康发展。

**小贴士**

1.采用"事不过三"的惩罚原则

父母在教育孩子的过程中，惩罚是必不可少的一种方式，但它和体罚却是完全不同的。如果孩子做了错误的事情，父母可以采用"事不过三"的惩罚原则。当孩子第一次犯错，父母温和地告诉他，让孩子明白自己错在哪里，所引起的严重后果是什么；第二次犯错，父母应该严厉地批评，再一次警告，耐心教导；第三次再犯错，就应该让孩子受到相应的惩罚了，并且惩罚要说到做到，不让孩子存在侥幸心理。这样，孩子就会知道，同一个错误不能犯两次，从而养成主动认错、自我反省的习惯。

2.多一点爱心，多一点耐心

孩子对这个世界充满着好奇心，因而在他们成长的路上免不了会犯一些错误，父母要对孩子的犯错给予理解，并做好充分的心理准备。面对孩子的错误，父母要多一点爱心，多一点耐心，尊重孩子，理解孩子，赢得孩子的信任，与孩子做朋友。同时，让孩子意识到自己错误的原因与后果，给孩子一个重新改正的机会。这样，孩子一旦认识到自己的错误，他就会接受父母的批评和帮助，也会体会到父母的爱。

3.呵护孩子的自尊心

随着孩子年龄的增加，他们的一个重要的心理特征就会越来越明显，那就是他们的自尊心越来越强。而父母的体罚很容易让孩子的自尊心受到严重的打击，有的孩子在长期的体罚之下，变得越来越"皮"，这其实就是孩子自暴自弃的表现。因此，看着孩子一天天大了，父母需要做的是呵护孩子的自尊心，即便面对孩子的错误，也要正确引导，千万不要采取体罚的方式。

4.面对孩子的无心之过，冷静处理

大多数时候，孩子犯错都是出于一种本能，实则是无心之过,在孩子的思想里,他不觉得自己错在哪里。这时候,父母不应该随便发火,而应明确地告诉孩子,这样做是不对的,引导孩子正确地做事,不仅让孩子受到表面的"批评",也让孩子体会到父母内心的"爱"。时间长了,孩子就会明白在自己不知道该怎么去做的时候,最好是向父母请教,这样就减少了犯错的机会。

## 注重亲子间的沟通渠道

许多家庭在教育孩子过程中存在着家庭冷暴力,虽然不用棍子打,不体罚,但却采用嘲笑、讽刺、冷漠,这种冷暴力将直接影响孩子性格。许多孩子在物质上是富裕的,而在精神上却是贫瘠的。除了学习剥夺他们部分快乐时光之外,家庭冷暴力也会让孩子陷入消极情绪中。有的父母在教育孩子的过程中,不自觉地就会采取冷暴力的方式:对孩子态度冷漠,经常不搭理;有的父母对孩子期望值过高,常常把孩子说的一无是处。

家庭冷暴力是暴力的一种,它的表现形式为冷淡、轻视、放任、疏远和漠不关心,导致孩子精神上和心理上受到侵犯和伤害。在现实生活中,有些父母总是用自己的想法来要求孩子,一旦孩子达不到自己的要求,便对孩子冷眼相对,不理不睬。阿德勒认为,父母的冷暴力会给孩子的成长蒙上一层阴影。

小东是一个非常优秀的男孩子，在家里听话，学习成绩也优异，平时还喜欢帮助别人，连续几个学期都被评为优秀学生。

有一次，班里组织了学习互助小组，小东帮助一个成绩较差的同学提高成绩，放学后，他们一起温习功课。小东那天回来很晚，爸爸以为他在外面网吧玩游戏，不由分说地批评了小东。后来，尽管知道了事情的原委，但爸爸并没有向小东道歉，反而对小东进行讽刺："你的成绩有这样好吗？还是等你拿到了第一名再去帮助其他同学吧。"

由于爸爸的这些嘲讽，小东变得郁郁寡欢，后来再也不敢帮助同学了，和同学之间的关系也疏远了很多。小东觉得爸爸一直对自己不太满意，心理压力很大，成绩也受到了影响。这下爸爸又开始嘲讽他了，结果小东和爸爸的关系也紧张了起来，亲子关系陷入了低谷。

有时候父母因为感情失和也会爆发冷战，这时孩子作为第三者往往会成为冷暴力的受害者。父母可能会对孩子说"你别来烦我""你跟你妈妈一样，都不是省油的灯"，结果无意中伤害了孩子。有时，父母疏于与孩子沟通，有的父母由于感情的失败自暴自弃，夜夜不归宿，即便回到家和孩子也不怎么说话，虽然生活在同一个家里，却好像陌生人一样，这样的家庭暴力是极其明显的。

阿德勒认为，尽管天下无不是的父母，父母所有的决定，其出发点都是为孩子好，并不是有意伤害孩子，但最后的结果并不如父母所想。面对冷暴力,孩子未必理解父母的良苦用心,他们只会被这种暴力伤害得更深。

当然,杜绝冷暴力最好的方法是良好的沟通,只有亲子之间建立良好的沟通渠道,父母才能更好地引导孩子。作为父母,应该对自己提出较高的要求,有耐心,讲究教育方法,不能随意对孩子使用冷暴力。

**小贴士**

1.欣赏孩子的长处

孩子是父母的影子,孩子身上的问题实际上折射出家庭教育的缺失。有的孩子并不像父母所说的那样一无是处,尽管有的孩子学习成绩比较差,但他可能比较自律,可能有正义感。但父母从未欣赏过孩子的优点,只是一味地给孩子提要求。实际上,指责并不能让孩子进步,父母应多些温暖的笑脸和贴心的鼓励,这些才是孩子最需要的。

2.了解孩子

父母需要了解孩子,用平等的沟通代替冷暴力,平时多关注孩子的情感需求,尊重孩子的个人选择,及时鼓励孩子好的改变,对孩子的缺点和弱点,就事论事,多引导,多帮助。

3.采用积极的沟通方式

阿德勒认为,父母需要采用积极的沟通方式,在有矛盾时做主动、坦诚的沟通，将矛盾有效化解。毕竟积极的沟通方式不但有益于感情交流，同时有利于心理健康。父母是孩子的第一倾诉对象，父母应该对孩子敞开心扉，只有对孩子敞开了自己的心扉，孩子才会对父母说真心话，说出内心话。假如父母总是对孩子实施冷暴力，那孩子就容易患上心理疾病。

### 4.避免用消极情绪对待孩子

阿德勒认为，父母对孩子的期望值越来越高，当看到孩子没有按照他们设计的模式发展时，他们就会着急。父母认为孩子应该拿出成绩了，一旦孩子的成绩没有达到自己的标准，父母就会拉下脸来。孩子看不到父母的笑脸，长此以往会让孩子的性格发生改变。父母需要好好反思，即便孩子表现不好，也不要一味地去责怪，而需要试着与孩子一起分析失败的原因。即便孩子学习成绩不好，也要鼓励大于指责，不用言语暴力。

### 5.父母的期望需要契合孩子的发展水平

父母的期望要适合孩子的发展水平，不能不切实际。父母的期望需要全面一点，比如期望孩子成为一个善良、正直、善于与人相处的人。

## 父母应掌握"吵架"的艺术

阿德勒认为，家庭从来不是一个讲道理的地方，许多家庭琐事分不清是非对错，当父母各自总想据理力争的时候，就很不容易出现和睦的家庭氛围。一项数据调查显示，在父母常常吵架的家庭中，孩子心理问题检出率为32%，离婚家庭的为30%，而家庭和睦的为19%。其实，与离婚相比，父母吵架给予孩子的心理体验更加明显，而孩子从中受到的直接伤害将更大。

那些长时间处于不和睦家庭环境中的孩子，比如亲自看到母亲被暴力对待、父母离异或分居，孩子身心都会受到很大的伤害。而且，孩子会十分关注父母之间的情感互动，以此作为判断家庭环境是否安全的依据。

佳佳是一个长得白白净净，讨人喜欢的小男孩。然而，他的脾气却特别坏，在幼儿园是出了名的坏脾气。妈妈经常接到幼儿园老师打来的电话，要求严格管教一下孩子，甚至发出最后的警告，如果佳佳再乱打人，就暂停上学。原来，佳佳在幼儿园跟小伙伴玩着玩着，常常因为一点点不顺心的事情就乱发脾气，扔玩具、在地上打滚、用脏话骂其他小朋友、乱打人。

妈妈不得不把孩子接回家，在家里照顾他。有一次，妈妈跟爸爸因为事情吵了起来，原本在一旁安静玩耍的佳佳突然暴躁起来，把玩具扔得到处都是，嘴里还骂着脏话，吓坏了爸爸妈妈。

吵架对成年人而言是再普通不过的事情，也是可以理解的，不过对孩子而言却是大事，因为他的安全感会受到很大的冲击。我们常常会看到有些父母当着孩子的面吵架，他们吵架的时候，孩子要么因为害怕躲起来，要么抱着妈妈哭泣，要么摔门而去，等等。

父母吵架会对孩子带来怎样的伤害呢？

1.感到恐惧

父母因为一些事情吵架的时候，孩子看见最亲的两个人竟然大吵、谩骂甚至大打出手，在那瞬间肯定会感到恐惧害怕，尤其是孩子小的时候，其内心会受到冲击，感到恐惧。

2.心里有负担

对于一些渐渐懂事的孩子而言，他们则会因为父母吵架而感到难过，胡思乱想。如果孩子偶然间得知父母吵架是为了自己，那更会感到内疚，心理负担就会加重，从而导致注意力不集中、无精打采、郁郁寡欢。

3.安全感缺失

假如父母常常吵架，那么孩子内心的安全感会容易缺失。父母吵架的时候，孩子就会乱想：他们会不会离婚？他们是不是都不要自己了？会不会不再像以前那样爱自己了？长时间这样，孩子心中的安全感就会渐渐缺失。

4.不信任他人

在孩子看来，原本恩爱和谐的父母因为一些小事情或小误会吵架，从小让孩子从中懂得：就算再亲再爱的人也不会永远和谐，不能永远依靠，没有谁值得信任。那么，在孩子以后的人生道路中，可能就会不信任他人。

### 5.感到自卑

孩子看到别人家的父母和和睦睦,自己家的父母却总是在吵架,他们便会心生自卑:为什么我生活在这样的家庭里?为什么我这么累?为什么我这么差劲?尤其是当其他孩子嘲笑自己的时候,他就会感到自卑,不敢与其他小伙伴玩耍。

### 6.脾气坏

阿德勒认为,父母是孩子最好的老师,孩子天生模仿能力就很强,受父母耳濡目染影响,孩子很可能会沾染一些坏习惯。比如父母吵架喜欢说脏话,孩子也学会了说脏话。父母吵架,肯定会在性格上影响了孩子,很有可能让孩子养成坏脾气。

### 7.错误的认知

平时的生活中,父母遇到问题没有好好商量,而是选择吵架。那孩子会理所当然地认为,吵架就是解决问题的办法,对于以后若是遇见问题,也不会理智地思考,而是采用吵架、打架,严重的话还会采用十分极端的方式来解决问题。

### 8.不擅长交际

目睹父母常常吵架,孩子会变得不容易相信别人、缺乏安全感、脾气差等,那么在与别人交往时就会出现很多问题。假如他没有受到别人的喜欢,可能他就会更加孤立自己,人际交往能力也会越来越差。

吵架是夫妻表达内心的感受和需求的方式,也是对自己和对方的内心的探索,而吵架是一种艺术,夫妻双方都需要掌握吵架的目的和表达的规律。

父母之间的争执是无法避免的,但是需要尽可能地不去给孩子造成伤害,所以应该需要掌握吵架的艺术。

### 小贴士

1.吵架时尽可能避开孩子

父母在吵架时要尽可能地避开孩子,有什么问题可以等孩子离开后再进行沟通。不过千万不要冷战,因为这样会给孩子造成更大的心理伤害。一旦看到父母冷战,孩子会感到不知所措,甚至认为是自己的原因造成了父母的不和睦,长时间下去会慢慢形成孤僻自卑的性格。

2.当着孩子的面和好

即便父母因什么事情吵架了,但需要及时当着孩子的面和好,形成轻松的氛围,并好好安慰一下孩子受惊的情绪,鼓励孩子把自己的感受说出来,再有针对性地进行安慰。

3.敢于承认错误

父母吵架后要勇于承认错误,毕竟父母是孩子的榜样,吵架时的语言、行为都可能成为孩子们模仿的对象。

4.掌握吵架的尺度

父母吵架需要把握尺度,尽可能不要让争吵发展到无法收拾的地步，这样也可以减轻孩子内心的恐惧感。父母的责任，应该是让孩子生活得有安全感，父母不要以为感情是两个人的事情，便可以互相攻击、谩骂，这对孩子心理造成的负面影响将是难以弥补的。

## 离异后为孩子重新定义"家"

现代社会，离婚现象越来越普遍，但它对孩子而言是一件大事，这意味着原生家庭的分裂，意味着重新定义"家"。离婚后，成年人会有一系列需要处理的事务，比如分割财产、协商抚养权、抚养费，其中一方的生活可能发生变动，孩子可能面临转学，以及未来的家庭重组等。这每一件事都可能对孩子造成或多或少的影响，这时候对孩子的教育就显得尤为重要。

东东从小生得虎头虎脑，聪明活泼，人见人爱。但是，在东东5岁那年，生活发生了一些变化，父母因感情不和选择离婚。离婚时，妈妈舍不得东东，想将孩子带走，但是遭到了爷爷奶奶的一致反对，东东看到妈妈离开的时候，大声地哭着抱着妈妈，不想让妈妈走，后来，爷爷奶奶连骂带吓，东东再也不敢提妈妈了。

从那以后，东东再也不像以前一样活泼，变得孤僻古怪，总是喜欢一个人待在角落里。由于没有妈妈的照顾，他慢慢地失去了家人的关注，浑身脏兮兮的，看到陌生人会以一种戒备的眼神瞄上一眼，然后低下头装作什么也没有看见。

父母离异迫使孩子生活在一个不健全的家庭，给孩子蒙上了一层厚厚的阴影，这样对孩子的性格养成是非常不利的。而孩子从小生活在这种压抑的氛围中，不利于孩子的健康成长。

父母离异后，要重新创造一个适合于孩子成长的环境，实在很不容易。有的孩子由父母一方领着生活，有的是住在父母重新组合的家庭里，有的则是跟着爷爷奶奶。当然，父母离婚这件事本身，并不是影响孩子心理发展的唯一因素，真正影响孩子心理成长的重要因素，是父母离婚后包括孩子在内新组建家庭的环境影响，这会让离异家庭的孩子产生一些心理问题：

1.十分自卑

孩子从小对父母怀着一种崇拜的情怀，觉得父母是了不起的人。孩子们在一起的时候，通常会夸耀自己的父母如何如何能干、如何如何有知识。一旦父亲或母亲缺失了，孩子自然就丧失了这份优越感，变得忧伤，缺乏乐观进取、积极向上的精神，性格孤僻，不喜欢交际，胆怯，做事缺乏自信。

2.喜欢猜疑

父母离异、家庭缺少温暖、跟随的亲人每天忙着生计，这时候孩子就会开始猜疑：爸爸妈妈是不是不爱我了？同学是不是看不起我？当孩子内心有这样一些想法，就无法与身边人和谐相处，人际关系也会变得越来越糟糕。

3.逆反心理

原来的家庭温馨和谐，生活条件也不错。父母离异后，随着孩子自卑心理及猜疑心理的产生，孩子的逆反心理也慢慢形成，以前看起来很听话的孩子有时会没有理由地抗拒父母的要求，产生对抗行为。

4.想要得到补偿

父母离异之后，孩子在物质和精神都遭受损失。这时孩子就会对其他孩子的物质与精神生活感到羡慕，希望重新获得父母的关爱，希望回到过去幸福快乐的生活，这是离异家庭里孩子的心理。

那么，父母离异后应该如何做，才能帮助孩子更好地成长呢？

**小贴士**

1.离异前最好跟孩子说一声

在离异家庭中，有许多父母认为离婚是大人的事情，与孩子关系不大，根本不需要和孩子商量。但是，正是这种想法导致孩子产生了被忽视的感觉，给孩子造成很大的伤害。父母突然离婚，孩子感受到天塌了一般，容易心事重重，容易被激怒，与小伙伴关系紧张，甚至自暴自弃，产生心理问题和行为的偏差。

2.在孩子面前别指责另一方

现实生活中有很多这样的情况，父母不和离异了，心里不痛快，所以不断地在孩子面前说对方的坏话。有的不仅说对方的坏话，还要求孩子和自己一样对对方产生恨意。其实在孩子的心里另一方并不一定那么坏，父母双方不同的立场会让孩子很痛苦。正确的做法应该是在孩子面前维护另一方的形象，因为他也是孩子最亲的人。仅仅给孩子物质上的关心是不够的，父母需要更多地关心孩子人格的发展，特别是注意孩子心灵的成长。

3.尽到自己的责任

父母即便离婚了，也应该负担起自己为人母、为人父的责任，毕竟父母在孩子心目中的位置是无法替代的。不管自己在离异这件事中遭受了多大的委屈和痛苦，都应该好好爱孩子，给予孩子应有的关爱，这是父母的责任。

4.别把孩子扔给老人

许多父母离异后，孩子跟了其中一方，由于这一方要忙工作，很少顾及孩子，干脆把孩子丢给老人就不闻不问了，只是定期给点钱就代表自己的关心了。其实，这是完全不妥当的，把孩子扔给老人，这不能代替父母的陪伴。毕竟，在孩子成长过程中父母的陪伴十分重要，别人是无可替代的。

5.为孩子营造愉快的家庭氛围

离异的父母需要调整好情绪，从痛苦纠缠中解脱出来，正视现实。单亲家长需要更多地为孩子创造出一种愉快的家庭氛围，多给予孩子跟另一方接触的机会，以弥补父母爱的缺失。

**6. 协助孩子处理好人际关系**

父母离异后，孩子的心理压力更多来自学校和同学。父母要多鼓励孩子结交朋友，一起学习一起玩耍，一旦孩子的群体生活正常了，他身心就放松了很多。同时如果有同学针对孩子父母离异的事情说刺激的话，那父母需要及时梳理孩子思绪，必要时可找老师反映一下情况，让身边的同学正确对待处于单亲家庭的孩子。

**7. 让孩子感受到爱**

父母离异后，孩子很少同时得到父爱和母爱。这时父母可以适时让孩子观察自己一天的生活，让孩子明白父母的辛苦，感受对他浓浓的爱。同时鼓励孩子要坚强，学会爱父母，在学习生活方面给予孩子无微不至的关怀，让孩子知道，身边爱他的人并不少。

**8. 及时观察孩子的言行**

离异家庭的孩子通常比较敏感，一些看起来很小的事情也会让他们产生微妙的心理变化。父母需要多观察孩子的言行，一旦发生异常就及时跟父母谈心。了解详细情况之后，可以及时疏导的就及时疏导，若是解决不了的则需要调查分析之后再进行妥善解决。

## 原生家庭的环境

阿德勒强调，家庭对于孩子教育十分重要，作为构成家庭主要成员的父母，更是担负着家庭教育的重担。其中，为孩子营造出一个和谐的家庭环境更是重中之重。家庭是孩子日常生活中最理想的港湾，它是遮风挡雨的寓所，也是孕育希望和放飞理想的土地。

一个和谐的家庭环境，可以帮助孩子忘却疲劳、紧张和烦恼，这时候家庭成为了孩子前进的加油站。孩子会在一个和谐的家庭环境里获得生机与活力，在父母那里获取信心和勇气。因此，父母要做好孩子的优秀表率，首先就要营造和谐的家庭环境。

吃过晚饭，妈妈和爸爸两人商量在哪家过年，妈妈一边夹菜一边笑着说："昨天妈妈就打电话来说，让我们早点回去，可以让孩子看一下杀过年猪，他还从来没有见过哩。"爸爸叹了一口气："每年都在你家过，啥时候回咱们那个老家啊。""这不为了孩子嘛，你们家隔得远，回去一趟不方便，都累得人仰马翻，谁还有心情玩啊。"妈妈辩解，爸爸把刚拿起的筷子又放下了："可昨天爸爸也打电话给我说，今年无论如何得回家过年，爸这么大年纪，我们都两年没有在家过年了，他们也想念孩子。""我说你这人这么这样啊，不是说好今年在我家过吗，我都跟妈妈说好了，到假期再让孩子去爷爷家玩吧。"妈妈有点不耐烦了,"什么时候说好了,我同意了吗?"爸爸也提高了声音。

于是,在你一句我一句的争执中,两人吵了起来。孩子有点害怕地看着爸爸妈妈,小声喊道:"爸爸妈妈,你们别吵了。"可是,正吵得厉害的两人哪听得到孩子的说话,一个比一个的声音大。爸爸把门一摔,出去了,这才停了下来,妈妈委屈地流下了眼泪。

和谐的家庭环境,阿德勒是这样概括的:家庭成员之间配合得非常默契,心往一处想,劲往一处使。在这样和谐家庭环境中成长的孩子,他们没有心理上的压迫,各方面都能够健康地发展。家庭是孩子成长的第一环境,孩子未来的精神风貌来自和谐家庭的教育。如果孩子处于和谐家庭环境中,他就会表现为精神振奋、性格开朗、活泼乐观、浑身充满了自信;反之,如果孩子处于一个压抑的家庭氛围中,他就会表现得性格内向、缺乏热情、感情脆弱,有可能还会造成严重的心理障碍,出现抑郁症等心理疾病,这时候,父母与孩子之间也形成了思想上的代沟与隔阂。

生活在什么样的家庭,就带给孩子什么样的发展。在那些缺乏和谐的家庭中成长的孩子,他们的身心得不到健康的发展,继而影响到他们未来一生的生活。据调查,那些不够和谐的家庭很容易造成家庭的不完整和孩子的畸形发展。因此,为孩子营造和谐的家庭环境,是作为父母的首要任务。

> **小贴士**

1.和孩子做朋友

阿德勒认为,父母要多站在孩子的角度来考虑问题,体会他们那个年龄阶段下的心态,这样就可以进行和谐的沟通。有的父母认为孩子很小,擅自剥夺了孩子的权利,其实,父母要做到家庭成员人人平等,创造出一种民主的家庭氛围,少一些专制。当父母言行失当的时候,也要虚心接受孩子的建议。如果孩子做错了事情,父母则要耐心诱导,不要急躁,也不要对孩子发脾气。为了孩子的健康成长,应营造和谐的家庭环境,对孩子多一丝微笑与鼓励,多一些夸奖。

2.父母应互相谦让和谐相处

若一个家庭吵架不断,父母之间也不能互相宽容,常常因为一件小事就争吵,甚至动手打架。孩子处于这样的环境中,就会感到烦躁,时间长了,在孩子性格上也会烙下不良的印记。所以,父母应该互相谦让,和谐相处,一家人感情融洽,互相尊重,这样和谐的家庭环境让孩子感到舒心,促进孩子健康成长。并且,父母的行为影响到孩子,让他懂得关心别人、尊重别人。父母之间需要和谐相处,避免矛盾,减少争执,让孩子有一个和谐温暖的家庭。

### 3.父母应该多给孩子一些关爱

来自父母的关怀能够激发孩子对生活的信心和热爱,父母应该对给孩子一些关爱。但是,这样的关爱并不是没有节制的溺爱,而是有原则的关爱,重点放在孩子的学习和生活上。虽然,今天的孩子不愁吃穿,但他们仍需要生活上的关心以及学习上的关注。尤其是当孩子遭遇了挫折和失败的时候,更应该让孩子感受到父母爱的存在。

### 4.为孩子创造温暖舒适的环境

不管父母的经济条件如何,都要努力为孩子创造温暖舒适的家庭环境。家庭环境的舒适并不需要贫富来区别,而是由内而外的温暖与舒适。贫穷的父母,只要多打理也能创造出一个良好的环境;富裕的父母,不仅要给孩子提供良好的环境,还需要把心的温暖带给孩子。

# 第06章
## 学校表现，培养孩子适应环境的能力

　　阿德勒认为，孩子在学校的表现很重要，父母需要有意识地培养孩子适应环境的能力。父母永远是孩子身边最贴心最直接的领航者，尤其是在孩子入校敏感期。当孩子走进学校，那意味着生活习惯的变化，他在这个阶段需要父母保驾护航，帮助他度过磨合期。

## 入学是孩子成长过程的新起点

阿德勒认为，入学是孩子成长过程中的一个新起点，它会引起孩子在生活习惯和学习活动上的一系列变化，孩子能不能适应进入学校之后的变化，这对于他以后的成长来说有着很大的影响。父母应该和孩子一起做好上学校的准备，使他顺利地适应这一阶段的变化。而且，这样的准备并不是购置学习文具那样简单，最重要的就是心理上、生活习惯上的准备。

这个周末，妈妈就带着孩子去购买文具，一路上孩子满心欢喜："我要买喜羊羊的书包，喜羊羊的文具盒，喜羊羊的铅笔，妈妈，再给我买一套喜羊羊的新衣服吧，这样我就是喜羊羊了。"妈妈笑着点头，在文具店，在妈妈的帮助下，孩子挑选了铅笔、橡皮擦、水杯，在挑选书包的时候，两人发生了冲突，孩子喜欢一款毛绒绒的小书包，可妈妈觉得太幼稚了，而且也太小了。

妈妈细心给孩子讲道理："这个包包太幼稚了，只适合小朋友背着出去玩，不适合上学用，而且你到了学校，老师会发很多书给你，到时候你的包包装不下，其他小朋友就会笑话你了。"妈妈好说歹说，孩子才松口了，选了另外一个印着喜羊羊的书包。

孩子在前不久还是一个天真活泼的小朋友，那时候他只知道玩耍打闹，现在却要开始进入学校，过一种群体的生活，这对于孩子来说是一种心理上的变化，必须让孩子从心里接受自己即将是一位学生的事实。

　　孩子天生就有强烈的好奇心，他在面对那些自己不明白的事情时总爱问"为什么？""这是什么？"在这时候，父母要珍惜孩子的求知欲并加以因势利导，启发孩子自己动脑筋想一想，必要的时候给予他帮助，满足他的求知心理，这样可以激发他学习的欲望。另外，父母在平时可以向孩子讲述一些科学家小时候的故事，以及地球以外的世界等，当孩子急切地想知道这一些奥秘时，父母就应该告诉他："你上学之后，老师会给你讲明白的，老师还会教给你许多的知识，告诉你许多故事"，这样激发他想上学的欲望，为其做好心理上的准备。

**小贴士**

1.冷静对待孩子的不适应阶段

　　孩子刚上学校，免不了会哭闹、情绪波动，这些都是正常的。可能一些父母感到很心疼，一看到孩子哭闹就忍不住跑过去安慰，放心不下，老想着去看一看。其实这完全没必要，父母越是舍不得，孩子焦虑感会越强，越不容易适应学校。

2.给孩子找个伙伴

　　如果家附近有小孩在一个学校或一个班的，可以结伴一起去学校。回来后让孩子们一起讨论学校发生的趣事，一来二去孩子就有伙伴了，相互有了依靠也就不会再哭闹了。

3.身体上的准备

上了学校之后，孩子就要独立地学习，接受各种基本技能的训练，每天需要消耗较多的体力，这时候孩子需要健康的身体。父母需要保证孩子充足的营养和休息，防止疾病，使孩子保持身心健康；让孩子养成锻炼身体的习惯，增强体质；让孩子保护好自己的感觉器官，尤其是眼睛和耳朵。另外，父母应该在孩子正式入学前带孩子到医院做一次体格检查，了解孩子的生长发育是否符合各项指标的要求，是否感染了疾病，若真的感染了疾病就必须抓紧时间治疗，以保证孩子健康入学。

4.购置学习用品

父母应该带着孩子一起购买必要的学习用品，在选购学习用品时，父母要建议孩子选择那些美观实用的，尽可能地避免购买那些玩具性的学习用品，以免孩子学习时会注意力不集中。同时，父母应该把各种学习用品的用途、使用、收藏方式告诉孩子，让孩子了解各种学习用具。

5.如有条件可准备一间书房

上了学校，孩子们就要进行系统化的学习了，若家里有条件应该给孩子准备一间书房，至少让孩子有一个固定的放文具、做功课的地方，购置一个小书架，使孩子在入学开始就能有序地安排学习，完成功课，养成良好的学习习惯。

## 引导孩子度过"心理断乳期"

孩子到了上学的年龄，便会产生"分离焦虑"症，即因与父母分离而产生焦虑、不安不愉快的情绪反应，孩子会出现比如哭闹不止、焦躁不安、总是想找妈妈等行为。到了上学的时候，许多孩子总会哭得撕心裂肺，或扯着父母的衣服，或抱着父母不放手，不仅孩子哭，父母眼眶也红了。

面对孩子进入学校上学，父母总是各种担心，各种舍不得……很多父母比孩子更紧张，更焦虑。在这一阶段，孩子从家庭进入学校，由于环境有了很大的改变，所以又被称为"心理断乳期"。

宝宝两岁半了，九月份开始上学。第一天出门前他高高兴兴地跟妈妈说："妈妈，我去上学了。"妈妈觉得很欣慰，孩子应该不会哭闹。但是，一到了分别的时候，宝宝拽着妈妈的衣角不肯放手，哭喊着："妈妈，我要跟你一起走。"最后妈妈和学校老师好心安慰，宝宝情绪才平复下来，妈妈趁着孩子不注意时偷偷溜了。

宝宝回家之后就开始发脾气、哭闹，第二天说什么也不愿意去学校了，不让家里人提起上学的事，睡梦中经常哭醒说"不去学校"，妈妈只有安慰他说不去学校他才能安心睡着。妈妈觉得上学已经成为了宝宝的巨大思想负担，看着他那么小却要承受那么大的思想压力，妈妈感到苦恼，可又不能真的不去上学。

孩子在刚入学时,之所以会出现分离焦虑症,是源于孩子缺乏安全感。一方面,孩子担心被父母抛弃;另一方面,孩子原本的生活习惯和规律被改变,所去的都是新的环境、看见的是新的面孔,所以非常缺乏安全感。

阿德勒强调,对孩子来说,自己需要具备一定的独立和自理能力,不能像在家里,什么事情都有父母照顾。孩子要学会自己吃饭、喝水、穿脱衣服、上床睡觉、上厕所、遵守学校的规则……这对于两三岁的孩子来说,是一种挑战和压力。孩子可能会出现情绪行为,严重者还会感冒发烧,甚至住院。

所以,父母要帮助孩子克服"分离焦虑症",顺利渡过心理断乳期。

**小贴士**

1.给孩子较多的安全感

平时生活中,父母要多陪孩子读书、做游戏,给孩子讲故事,把最好的陪伴给孩子,让孩子每时每刻都能感受到父母的爱和温暖,内心有足够的安全感和对父母的信任。这样孩子在上学时就不会担心再也见不到父母,以为自己被父母"抛弃"了。

2.带孩子提前熟悉学校环境

在没有上学校之前,父母可以带孩子参观学校,让孩子提前了解熟悉学校环境和老师,让他们感受其他小朋友的快乐时光。在条件允许的情况下,父母可以让孩子多待一会儿,跟老师亲近,跟小朋友拥抱,让他们喜欢上学校及学校的老师和小朋友。

3.增加亲子共读时光

现在有很多供亲子阅读的绘本读物,父母可以和孩子一起阅读,按照书里的建议做一些游戏活动。这样可以帮助孩子了解学校的生活,学会如何与小朋友相处,这对缓解孩子焦虑有很大好处。

4.把孩子上学当做平常事

孩子上学校那天,只需要一个人送就可以,别搞得一大家子人都去了,这样只会让孩子更紧张焦虑。当一家人离开时,孩子会更加孤独失落,这很不利于孩子快速融入学校生活。

5.和孩子做一个约定

父母可以和孩子做个约定,告诉孩子:"宝宝,你乖乖去上学,妈妈去上班,等你放学的时候,我一定准时在学校门口等你,妈妈绝不迟到。"这样让孩子知道,父母永远是最亲,最值得信任,最爱他们的人。当然,父母不要撒谎"妈妈一会儿就来",这样会让孩子感到焦虑,同时影响孩子对父母的信任。

6.准时接孩子放学

孩子上学一天不见父母,会更加想念父母。到了接孩子放学的时候,父母可以给孩子一个热情的拥抱,告诉孩子:"妈妈来接你了。"让孩子知道父母是守诺的，分离只是暂时的，然后拉着孩子的手一起走出学校。

### 7.培养孩子的生活自理能力

在孩子上学之前，父母可以培养孩子的生活自理能力，比如自己吃饭、上厕所、洗手、睡觉、穿脱衣服、认识自己的东西等，有意识地培养孩子的独立性，增加孩子的自信心，让孩子觉得自己长大了。

### 8.让孩子多与同龄孩子玩耍

平时父母可以多制造让孩子与同龄小朋友一起玩耍的机会，扩大孩子的接触面，如带孩子去公园、儿童乐园，让孩子和同龄孩子一起玩耍。

### 9.父母不要偷偷观察孩子

当孩子上学后，假如父母各种担心，陪着孩子不愿意离开，或者即便离开后，还一直舍不得走，甚至躲起来偷偷观察孩子，等孩子一哭就马上跑回来抱孩子，这样做反而会让场面失控，让孩子更焦虑，从而更加不愿意上学。

## 引导孩子熟悉新环境

开学前夕，父母可以带着孩子到学校去参观一下，让他见见新老师，看看新学校，熟悉一下即将要在那里度过很长一段时间的新校园环境,还可以让孩子与即将同班的孩子互相认识,一起玩耍,建立起友谊。这对于孩子以后的学习、交际等方面都有很大的帮助。

新学期报名第一天,孩子起了个大早,从衣柜里翻出了自己认为最漂亮的衣服,让妈妈帮忙穿上。然后背着自己的小书包就嚷着去学校,妈妈看着孩子那迫不及待的样子,心里很高兴,看来他对新学校、新老师、新同学还是蛮期待的。

到了学校,妈妈带着孩子先去了教室报道,孩子腼腆地叫了一声:"老师好!"老师笑着点点头,夸奖道:"小伙子真精神!"妈妈完成了报名手续,又跟老师介绍了一些孩子的情况,旁边也有几个家长在,彼此聊了起来。孩子跟妈妈请示:"妈妈,我跟他们去玩一会。"他指了指旁边的几个小朋友,原来都是即将成为同班的同学,妈妈点点头,正好孩子可以与同学之间交流一下感情。

在与新老师、新同学见面的时候,父母要表现出对老师的尊重,同时告诉孩子与他人相处时要讲文明礼貌,见了老师要行礼问好,养成文明礼貌的行为习惯。入学对于孩子来说,就是从家里到学校,开始了集体生活,这时候,孩子要遵守学校规章制度,尊敬老师、团结同学,在新老师、新同学面前留下好的印象,有利于帮助孩子在学校建立和谐的人际关系。

> 小贴士

1.在孩子心中树立新老师的良好形象

有的父母习惯用"老师"去威胁和吓唬孩子,他们习惯于向孩子说"不听话就让老师去管你""上了学老师会狠狠地管你",这样一来,孩子就会对新老师产生一种莫名的恐惧感和误解,也会影响他学习的积极性以及以后的师生关系。因而,父母要在孩子心目中树立起新老师和蔼可亲、关爱儿童的第一印象,而不是以"老师"的身份去吓唬孩子。

2.积极引导孩子参加各种活动

孩子刚从家庭来到了一个不熟悉的新环境中,老师和同学都是陌生的,老师的要求也不一样,孩子会有很多不适应。这时候,孩子显得既新奇又胆怯,想跟新同学交流却又不太善于表达和沟通。其实,在教学过程中也会相应地有些合作活动,如果孩子表现出对"活动"的惧怕,父母应该积极引导孩子克服紧张心理,促使他们融入集体活动中去。

3.及时帮助孩子疏通心理

在开学前几天,孩子都会有些不适应,或者抱怨自己没有新朋友。这时候,父母应该及时地发现孩子的这一心理,比如每天放学回家习惯询问"今天认识新朋友了吗?""新老师怎么样""有没有同学欺负你?"等问题。如果孩子表示出对新学校、新老师、新同学有什么厌烦,这时候,父母应该正确地引导孩子走向正面情绪,让孩子明白步入一个新环境将会学到更多的知识,也会认识更多的朋友,让孩子放下心中的厌烦情绪,接受新学校、新老师、新同学。

## 孩子在学校"受挫"很正常

许多孩子刚上学时都会信心十足,带着"小明星"这样的称号走入学校,在他们看来,自己这些荣耀是一直跟随着的,可一旦自己在学校受了冷落,就会产生厌学情绪。实际上幼儿园对于每一个孩子来说都是一段最美好的时光,在这里,每个老师所负责的学生有限,他们会轻易地发现每一个孩子的特长,孩子也会受到相应的赞赏、重视,这无疑给了孩子很大的成就感、快乐感。

刚刚上学一周的孩子在妈妈接他放学的时候,告诉妈妈自己不想上学了,他想回家。妈妈觉得很惊讶,难道是孩子不习惯学校的生活吗?妈妈一边安慰着孩子,一边拉着孩子回家。回到家里,妈妈耐心地开导,问他为什么会有这样的想法。孩子憋了半天才冒出一句话:"我觉得老师不喜欢我,还有班上的同学也不喜欢我,音乐课上也不让我唱歌,我不喜欢这里,我想回家。"听了孩子的话,妈妈明白了,原来孩子还沉浸在过去的"小明星"状态。在人多的学校,他感觉到自己受冷落了。妈妈耐心地对孩子说:"老师现在还没有看见你的优点呢,等过一段时间老师就会发现你了,你要耐心等待,做乖孩子,老师肯定会喜欢你的。"

在阿德勒看来,孩子在学校感觉到"受挫",这是很正常的,父母应该告诉孩子老师需要花一段时间才能发现他的优点,让孩子放下过去所获得的成绩,争做一名合格的好孩子。另外,在生活方面,父母要给予孩子帮助,帮助其脱离家里的习惯,有意识地培养其独立意识和安全意识,以及一定的学习能力。

### 小贴士

1.放松孩子紧张的心理

一些孩子由于在入学前准备不够充分,出现了入学恐慌症。有的孩子因为压力大,晚上休息得不好,引发身体上的疾病,比如发烧、腹泻。因此,在这一阶段,父母要和孩子多沟通,积极引导孩子的心理,可以经常赞扬"我们的小主人回来了""今天以前的老师打电话说祝你成为了一名学生"等,让他觉得当一名学生是光荣的事情,放松他们的紧张心理,让他们具备良好的心态。

## 2.培养孩子的独立意识和安全意识

孩子进入学校了，意味着离开了家庭，开始有一定的独立生活，为了消除孩子的紧张心理，父母应该培养孩子的生活自理能力，自己的事情自己做。在家里孩子习惯了凡事都是老师做，但现在父母可以教导孩子自己去做一些事情，比如，刷牙、洗脸、自己大小便、穿衣服、收拾书包等；同时，父母还需要教会孩子简单的劳动，比如扫地、抹桌子。

另外，父母还应该向孩子灌输一些安全知识，必须让他懂得并遵守交通规则，诸如简单的"红灯停，绿灯行"，在斑马线内才可以穿越马路，还需要明白"过马路，左右看，不能在路上跑和玩"，如果迷路了要找警察叔叔而不是跟着陌生人走。还要让孩子记住自己和父母的姓名、家庭住址、门牌号，家庭电话和父母工作单位等，以备不时之需。父母还需要教育孩子不玩火、不去拨弄电源开关、不拉扯电线，不去建筑工地玩，没有父母带领不可以去游泳玩水，以免酿成事故。这些必要的安全知识一定要让孩子知道，以防万一。

## 3.帮助孩子引导正面情绪

也许，孩子在放学之后会抱怨"不喜欢上学""不喜欢学校"，这时候，作为父母，要尽量从正面引导孩子的情绪，尽量让上学这件事与快乐的情绪联系在一起。孩子每天放学后，你可以询问孩子"今天开不开心""今天又有什么好玩的""今天老师批评你了吗？"等，父母一定要注意孩子情绪的引导问题，父母应站在老师学校这一边，肯定学校、肯定老师，冷静、客观地分析孩子所说的问题症结在哪里，适当地与老师沟通，消减孩子的厌学情绪，以更利于孩子的学习。

## 让孩子认为学校是更有趣的地方

阿德勒认为，学校和家里大不相同，在家里，孩子多以游戏为主，玩耍打闹成为了孩子们每天的活动。但学校主要是集体生活，孩子们需要讲秩序、讲规矩，学习一些基础的知识，他们的生活和学习由松散、随意转向了严格、认真，这种根本性的改变必然会给孩子带来压力。为了帮助孩子减轻这样的压力，父母应该培养起孩子学习的兴趣，让他们认为学校比家里更有趣。

晚上，妈妈给孩子讲起了故事：几十年前，波兰有个叫玛丽的小姑娘，学习非常专心。不管周围怎么吵闹，都分散不了她的注意力。一次，玛丽在做功课，她姐姐和同学在她面前唱歌、跳舞、做游戏。玛丽就像没看见一样，在一旁专心地看书。姐姐和同学想试探她一下。她们悄悄地在玛丽身后搭起几张凳子，只要玛丽一动，凳子就会倒下来。时间一分一秒地过去了，玛丽读完了一本书，凳子仍然竖在那儿。从此姐姐和同学再也不逗她了，而且像玛丽一样专心读书，认真学习。玛丽长大以后，成为一个伟大的科学家。她就是居里夫人。

故事讲完了，孩子眨着大眼睛："妈妈，居里夫人是谁？"妈妈卖了个关子："老师会告诉你的，像这样类似的故事，你的书本里还有很多，你老师那里也有很多，等你认识了许多字，你还可以自己阅读，很有趣吧。""嗯，我要向她学习。"孩子向妈妈做了保证，随后就甜蜜地进入了梦乡。

我们经常说，兴趣是最好的老师，对于就要上学的孩子更是如此。在这一阶段，孩子们还没有足够的自我控制意识，注意力集中的时间也不长，如果让他觉得学习没有兴趣，那么他就会产生一种厌学情绪。

而对陪伴孩子一起成长的父母来说，孩子喜欢什么自己当然最清楚了，你可以依据孩子的兴趣为其报名一些课外班，比如素描、乐器、跆拳道等，通过这些来激发孩子们的学习兴趣。父母可以经常与孩子交谈一些学习方面的事情，告诉他学习会使人有知识、有本领，并为之提供表现的机会，使他运用学习到的知识去解决简单的日常问题，给他一种成就感。父母也可以利用卡片、图画、故事、游戏等形式帮助孩子学习或复习书本知识，做到寓教于乐。

### 小贴士

1.有趣的新环境

有的孩子念念不忘幼儿园一起的玩伴，觉得上学之后就没有一起玩的朋友了。父母应该告诉孩子，新学校那样的环境更有趣，可以结识比幼儿园更多的朋友，在下课之余也可以与朋友一起玩耍。让孩子们觉得，新的环境不仅能学到很多的知识，还能认识更多的朋友，这样孩子会觉得新的环境将更加有趣。

2.讲述自己的上学趣事

父母也可以通过讲述自己童年在学校度过的美好时光，以及发生在学校阶段的童年趣事，告诉孩子自己那时候是怎么来度过这样一段时间的，这样让孩子觉得即便是新的环境，还是可以过同样有趣的生活。孩子天性都有强烈的好奇心、新鲜感，他们也会觉得通过学校可以听到许多以前没有听过的故事，还可以认识更多的新朋友，这让孩子觉得未来所期待的都是新鲜的、美好的。

## 让孩子懂得约束自己

孩子从家里进入学校，这是人生的一个重要转折期。他们要从以游戏为主的玩耍世界进入一个以秩序为主的生活，从没有严格的作息时间到必须按照严格的作息时间来约束自己。

早在一个月前，孩子还没有正式进入学校的时候，妈妈就开始有意识地强调作息时间这个概念，以提醒孩子即将到来的学校生活。妈妈每天早上七点把孩子叫醒，而且最好在七点四十能吃完早饭，因为如果开始上学了这个时间就是他们出门的时间。

孩子正式上学了，由于之前有着良好的作息习惯，倒是没有出现过什么情况。晚上按时入睡，早上按时起床，上学都很有规律。可是有一天孩子上学居然迟到了，原来外公来了，前一天晚上孩子就和外公玩得很高兴，迟迟不去睡觉，直到快十一点才入睡。放学路上，妈妈已经知道孩子今天上学迟到了，妈妈问孩子："老师批评你没有？"孩子摇了摇头，妈妈说："下次家里有客人来，也要按时睡觉，这样上学就不会迟到了，知道吗？"孩子点点头。

在家里，没有上课下课之说，想什么时候去厕所只需要跟父母说一声，完全是自由安排时间。但上了学校，就不能迟到早退，铃声响了才能下课，这一系列变化对于孩子来说是一个考验。因此，父母应该帮助孩子调整作息时间，以适应学校的正常学习。

### 小贴士

1.提前调整孩子的作息时间

作息时间作为一种生活习惯并不是一朝一夕就能养成的，父母最好是提前一个月或者几个星期就开始帮助孩子调整作息时间。在入学前一个月，父母可以按照学校的时间表为孩子列出一份作息计划：早睡早起，这需要父母以身作则，给孩子树立好的榜样；逐渐安排孩子参加午间活动，减少午睡的时间，因为在学校午睡时间没家里那么长。这样孩子上学后就很自然地养成了健康的作息时间。

2.有意义地培养孩子的时间观念

上学后，在孩子身边会频繁地出现"时间"这个概念，相对于家里那相对松散的作息时间，上学的作息时间更加严密。从早上起床时间到路上的交通时间，再到上课时间、休息时间、活动时间、作业时间、上床睡觉时间等都环环相扣。除了需要孩子早睡早醒，还需要有意识地训练孩子长久地专注一件事情，得让孩子能坚持下来而且不容易精神分散。你可以让孩子画一张内容丰富复杂的画，讲一个较长时间的故事。

另外，课间休息是孩子可以自由支配的时间，要让孩子知道"课间时间"的概念，并能够合理利用这一段时间，比如去上厕所、喝水、到操场活动一会儿。此外，父母要在孩子入学前几个月就调整孩子的午睡时间，保持和他上学一致的作息时间。

3.向孩子灌输"时间"这一概念

在日常生活中，父母需要有意识地向孩子灌输"时间"这一概念，让孩子懂得什么时间该做什么事情，并一定要坚持做好。比如，有的孩子放学回家就打开电视，直到深夜才睡觉，这就是一个很不好的习惯。父母需要告诉孩子，什么时间该做什么事情，能够控制自己的愿望和行为。培养孩子按时吃饭的习惯并要求孩子不要拖拉，每天养成按时睡觉的好习惯，使一天的生活富有规律性，才能有充足的体力和精力来面对学校生活。

## 让孩子服务自我

经常丢三落四，找不到自己的书和作业本，漂亮的书包里乱得像"纸篓"，这在许多小孩子身上时常发生，而造成这样结果的很大一部分原因就是父母对孩子的事情大包大揽，他们总认为孩子还小，一些事情还不会，他们却不懂得教会孩子怎么去做，连整理书包这样的事情也一手包办代替。长期这样下去，孩子的生活自理能力就会越来越差，现在可能只是书包乱糟糟的，以后他的生活都是乱糟糟的，没有任何的条理性。父母应该和孩子一起整理书包，培养孩子的动手能力和责任意识。

晚上回到家，妈妈把豆豆的书包打开，发现几天没有检查他的书包，真成了一个名副其实的"纸篓"，简直是乱得不像话。孩子在旁边站着不吱声，妈妈让孩子坐下，一边把书包里的东西取出来，一边跟孩子说："宝宝，你知道为什么今天会忘记水杯吗？""因为我没有整理好书包，所以，把水杯落在了家里。"孩子不好意思地说，妈妈没有再说什么，这时候，她已经把所有的东西都取出来了，把书包里面的垃圾灰尘清理了一遍。她吩咐孩子把东西归类，书本放一起，生活用品放一起，小玩具放一起，她先示范了一次，让孩子跟着整理了一次，妈妈说："玩具之类的放在家里，带到学校会影响你的学习，以后，每天晚上睡觉前你都要整理书包，我会陪着你一起整理，也可以你整理完了给我检查，明白了吗？""嗯。"孩子点点头。

孩子生活自理能力差，动手能力差，对父母依赖性强。面对这样的情况，阿德勒建议，父母需要教育孩子，让孩子明白他们已经不再是小孩子了，已经长大了，自己能做的事情要自己做，特别是自己的学习用品、书包一定要自己整理，这样，就不用担心东西找不到了。另外，父母要首先从和孩子一起整理书包开始，为了让孩子学会有序地生活，父母应该有意识地让孩子做一些力所能及的事情，不要担心孩子做不了，而要逐渐培养他独立生活的能力。

## 小贴士

1.教会孩子如何有序地整理书包

在日常生活中，父母可以和孩子一起动手整理书包，在这过程中教会孩子如何有序地整理书包。父母可以先与孩子一起交流看法，书本文具之类的学习用品应该如何摆放才更合理，使用起来也更方便。刚开始的时候，父母可以和孩子一起动手整理，教给孩子收拾书包的方法，边教边示范，这时候父母要有足够的耐心和细心，让孩子看到自己的成功，体验到快乐。

然后，父母可以鼓励孩子自己动手整理书包，父母则在旁边引导，这时候要以孩子的想法和做法为准，如果孩子摆放得不合理，父母要启发孩子找到原因，不要强制性地批评和斥责，这样会减少孩子的主动性，挫伤孩子的自信心。当孩子能够独立整理书包了，父母就要经常检查，并作出简单细致地总结，帮助孩子提出改进的建议，逐渐提高孩子整理书包的标准。

2.让孩子学会有序地生活

整理书包是一个细致活儿，它包括了分类、顺序等因素，让孩子先学会分类课本文具，另外，为了减轻孩子书包的重量，让孩子把次要的东西放在家里或者教室，比如玩具。在这一过程中，孩子学会了有序整理东西，继而学会有序地生活。

学会有序地生活是追求高品位生活的表现，特别是对于正在成长的孩子来说，有序的生活环境有利于孩子形成文明的生活习惯，孩子将受益终身。父母不妨让孩子从收拾自己的书包开始，逐步培养孩子有序的生活习惯。唤醒孩子的独立意识，改变孩子事事都依赖父母的坏习惯，当孩子乐意主动动手整理书包，父母要给予表扬，让孩子看到成功，体验到快乐。

3.培养孩子独立生活能力

许多父母反映，孩子很聪明也很可爱，可就是生活自理能力太差了，连收拾书包这样简单的事情都要让父母做。实际上，孩子之所以生活自理能力差，很大程度上是父母大包大揽造成的。父母不妨和孩子一起动手整理书包，让孩子从日常家务和学会生活自理开始做起。父母和孩子在整理书包的过程中，有意识地教孩子养成整理书包的习惯，甚至可以要求孩子睡前必须整理书包，这样养成独立生活的能力，才能让孩子更好地投入到学习中。

另外，父母还应该让孩子养成做事有条理的习惯，比如先放什么再放什么，这样方便上学时好取东西，这样让孩子体验到做事有条理带来的方便性，长此以往，他就会养成做事有条理的好习惯。

# 第07章

## 青春与性，为孩子撑起一片蓝天

阿德勒认为，良好的性教育，可以帮助孩子发展健康人格，从而对他们的行为、人际关系和对性的反应产生良好的效果。而且，从幼儿阶段进行性教育，有利于帮助孩子们形成自我保护意识，远离性侵害。

## 敢于对孩子开展"性教育"

中国父母在对孩子的性教育上有几个明显的误区：许多父母由于自己在成长过程中没有接受过性教育，因此他们按照自己的成长经验，认为孩子不需要性教育；父母对性的问题持回避以及排斥态度，他们担心说多了会诱导孩子，说少了又怕说不清楚；认为性教育是成长教育；有的父母平时穿衣服不太注意，经常在家里穿着暴露，结果孩子耳濡目染，没有性别意识。

北京的一所大学对4个年级的学生进行了一次随机抽样调查，从影视作品、互联网、书报、杂志上获取性知识的占81%，而从父母那里获取的只占0.3%，少得实在可怜，约30%的母亲在女儿来月经之前没有告诉孩子月经是怎么回事和如何处理。很多父母没有性教育的经验，甚至自己就是性知识的"文盲"，当孩子问及性知识方面的问题时，扭扭捏捏，总是说些模棱两可、似是而非的话，即便有性知识的家长，也不敢和孩子开展关于性知识的对话。

孩子从三四岁到上小学的这段时间，求知欲特别强，对身边的什么事情都想打破砂锅问到底。现在电视上大多有拥抱、接吻和床上戏的镜头，好问的孩子可能会提出许多让父母难以回答的问题，诸如"孩子是从哪里来的" "避孕套是做什的"等。

刘妈妈抱着儿子到朋友家里玩，儿子撒尿时，朋友急忙从床底下拿出了女儿小琳的小塑料便盆，接着淘气包的"小鸡"描绘出细细的弧线，一会儿，小琳搂着妈妈的脖子，咬着耳朵悄悄地问："小弟弟有'小鸡'，我怎么没有？"朋友吃了一惊，然后微微地会心一笑，说："小琳，因为你是女孩呀！""妈妈，女孩为什么没有'小鸡'呢？"小琳接着问，妈妈脸上似有愠色，说："因为男孩和女孩不一样啊！"小琳没有得到确切的回答，睁着两只水汪汪的眼睛，稚嫩的脸蛋上写满了期盼，问："男孩和女孩为什么不一样！"妈妈有些生气地说："你哪来这么多为什么啊？"

据新闻报道，英国多塞特郡普尔市一名13岁男孩和一名14岁女孩偷吃禁果后，导致这名女孩怀上身孕，生下了腹中的胎儿，男孩因此13岁就当上了爸爸，一举成为英国最年轻的父亲之一。诸如此类的事例并不只存在英国，世界各地层出不穷的关于少年爸爸少女妈妈的新闻，震惊了社会。

阿德勒认为，性教育绝不是可有可无的，它的影响将伴随着孩子的一生，就好像弗洛伊德所说，你今天的状况和幼年有关。父母应该意识到儿童性教育的重要性，必须摒弃过去谈"性"色变的态度了，必须改排斥为循循善诱，即便尴尬，也不容回避这个严肃的问题。

> **小贴士**

对于孩子的性教育，必须重视以下三个阶段：

1. 幼儿期

幼儿期指的是3~6岁的孩子，实际上性教育最早到两岁开始。在这一阶段，孩子喜欢玩一些"性游戏"，如接吻、结婚、生孩子、抚摸生殖器官。假如父母看到这样的情况，不要紧张，孩子玩这些游戏只是对在生活中看到的事情进行模仿而已，也不要粗暴地打断他们。假如孩子发现抚摸别的部位，父母都不会在意，唯独抚摸这个部位，父母态度马上紧张起来，孩子就会故意、经常抚摸那个部位，以引起父母的注意。

这时父母可以想办法分散孩子的注意力，比如捉迷藏游戏，而不是故意去打断他们。对能听懂话的孩子，可以告诉他们身体的某些部位是不能让别人看或触摸的，比如胸部、生殖器官，同时也不能看或触摸别人的这些部位。父母要有耐心地向孩子灌输自我保护的观念，嘱咐孩子假如有人触摸了这些部位一定要告诉爸爸妈妈。

假如是3岁以上的孩子，可以跟父母分床睡。年龄再大些，假如条件允许的话，尽可能分房睡，以免父母过性生活时对孩子造成负面影响。

## 2.儿童期

6~9岁的孩子正处于性欲的潜伏期,容易受他人或传媒影响,接触到一些有关性的不正确的信息,这时他们需要父母的帮助了解性别角色。父母最佳的教育方式就是当电视里刚好出现亲热镜头或报纸上的小故事,对孩子借机进行性教育。父母要成为孩子成长过程中最佳的性教育指导者,一旦孩子对性有了疑问,孩子第一个想到的就是请教父母,而不是问其他人。

这一阶段父母要改变传统思想,认真解答孩子提出的关于性的问题,赢得孩子的信任。发现孩子接触黄色视频时,不要辱骂孩子,而要引导孩子阅读正确的性教育读物。

## 3.青春期

在孩子成长过程中,尽管学校会开一些专门的课程,不过父母对孩子的性教育并不能就此停歇,反而需要更加上心,协助孩子度过成长阶段。进入青春期的年龄,女孩在10岁左右,男孩在12岁左右。通常父母会对女孩子比较注意,而容易忽视对男孩的关注,主要是因为女孩子有成长来临的明显标志,如月经来潮,而男孩子就不会那么明显了。不过男孩子也会出现遗精、变声、长喉结等生理现象。父母需要注意的是,青春期的男孩子会开始有自慰的现象。

这一阶段,父母可以引导孩子通过别的方式,比如运动来释放能量,减少自慰的次数,不要给成长孩子穿太紧的衣服,比如牛仔裤,建议穿宽松的裤子。父母可以多给孩子拥抱、拍肩膀等动作,给孩子一些亲密的触碰,有助于减轻孩子因成长身心变化而带来的焦虑。

## 父亲不能缺席孩子的"性教育"

在孩子的成长过程中,母亲对3岁前的孩子最重要,而父亲在3岁后开始发挥作用。3~5岁是成长中的"恋母情结"和"恋父情结"阶段。在这个阶段,异性父母需要操很多的心。比如,爸爸给予女儿足够的亲近来满足"性依恋"的心灵需要,鼓励孩子与父母相处,营造和谐的家庭氛围。

假如在孩子的成长过程中,父亲经常缺席,那孩子在3~5岁之间性依恋的满足是不够的,不过这不能代表孩子一定会出现性心理问题。假如父母用成年人带着性意识的眼光去看待孩子的异性交往,这是不恰当的。

小樱今年8岁多,正在上三年级,由于妈妈和爸爸从结婚到小樱5岁之前一直都是两地分居,那时候大概一个星期小樱才可以和爸爸相处一天。5岁之后到现在由于爸爸工作原因,父女俩很少见面。

最近小樱的班主任向妈妈反映,孩子在学校里很喜欢男老师,有时候会玩得很疯,偶尔还会和那些男老师抱在一起,也非常喜欢和男同学一起玩。对于女同学,她则有些冷淡,不太

第07章
青春与性，为孩子撑起一片蓝天

喜欢与女同学一起玩。妈妈觉得这是小樱从小缺乏父爱造成的后果，现在该如何引导和开导小樱在这方面的举动呢？

通常父母对女孩的异性交往会操心一些，而案例中小樱与异性的交往行为有些异常，这确实令父母担忧。从性心理的发展阶段来看，3~5岁的孩子在与异性交往中确定了自己的性别，6~12岁是性潜伏期，这一阶段前半期的特点是喜欢与异性交往和接触；后半期表现为排斥异性，只跟同性玩。案例中的小樱处于喜欢与异性交往的阶段，这只是显示出孩子热情活泼的性格，这与父母眼里带性意识的亲热是不一样的。

**小贴士**

在父亲缺席的情况下，怎么样让孩子的性心理健康发展呢？阿德勒给予了这样一些建议。

1.加强父亲在孩子心里的位置

假如父亲工作确实比较忙，缺席了孩子的成长过程，那父亲的形象是不能缺的。母亲需要加强父亲在孩子心里的位置，比如在家里醒目的位置挂着父亲以及一家人的亲密照片，多与孩子说父亲的故事、父亲的优秀、父亲对他的思念和爱等。

2.让孩子与父亲定期联系

假如父亲远在外地，母亲需要想办法让孩子与父亲定期地联系。即便孩子还不会说话，也要引导孩子与父亲定期联系，比如打电话，引导孩子"跟爸爸说再见""给爸爸一个飞吻"，让孩子明白还有爸爸在经常关心自己。

3.让孩子多接触家里其他的年长男性

假如父亲不经常回家，母亲可以让家里另外一个年长男性与孩子接触，比如舅舅、爷爷等，以此让男性的典范不因父亲的缺席而缺少。

4.不要强化孩子的行为

母亲不要强调孩子的行为是不正确或有问题的，假如给予孩子这样的判断，其实就是强化了孩子抱男老师的性意识，孩子就可能朝着母亲担心的方向走去。母亲对这个问题可以做适当引导，对孩子说："听说你今天与男老师玩得很开心，你们都玩了些什么啊？这个老师是不是特别和蔼，你喜欢和他玩吗？"当孩子告诉你答案之后，母亲可以赞赏孩子是一个活泼开朗的孩子，所有人都喜欢和他一起玩。

## 了解孩子的成长规律

歌德说："青年男子哪个不善钟情？妙龄少女谁个不善怀春？"孩子爱慕异性，这是极为正常的心理现象，这是每一个精神发育正常的青少年都会有的感情的自然流露。进入青春期以后，男孩女孩彼此向往、互相爱慕，这青少年心理发展的一个重要表现，也是他们恋爱成功与婚姻美满的性心理基础。父母要了解孩子在青春期的早恋，就应该先了解孩子心理和情感在成长早期的发展规律。

张妈妈是小学六年级的班主任，最近，班里一次偶然的男女生调换位置，却引来了许多同学的哄笑，有些胆子比较大的同学竟然开玩笑说："这样就真的绝配了。"而那位被调换位置的女生似乎意识到了，脸红了，头低得很低。这件小事引起了她对这些孩子的关注，有了空闲时间，她就深入到孩子当中，了解他们的学习生活和思想状况。

果然，张妈妈发现了班里有传递纸条写情书的现象，一位写作能力较好的女孩子用她细腻的文笔抒发了她对一位男生的爱意。而那些性格比较外向的男生一下课便跑到自己有好感的女生的班上，希望能够引起女生的注意。在课间的走廊上、教室里，经常看到男生女生你追我打，嘻嘻哈哈。每当男生在操场打篮球的时候，旁边总是三三两两围着一些女生。这可是小学六年级呢？张妈妈感叹，想到就在本校读初一的女儿，她就忧心忡忡。

阿德勒认为，在异性相吸的阶段，父母应该鼓励孩子多参加群体活动。如果孩子在这一阶段没有获得更多的机会参加群体活动，在群体交往中寻找自己喜欢的异性类型。那么，孩子有可能就会直接进入下一个发展阶段——眷恋某一个异性。

> **小贴士**

青少年的异性情感发展需要经历三个阶段的心理历程，称为"青春三部曲"：

1.异性排斥期

这个阶段大概在孩子9~10岁，持续时间大约为两年，在这一阶段，孩子的身体开始出现一些成长早期的生理变化，比如，女孩子的乳房开始发育，男孩子开始长阴毛。在孩子的潜意识里不愿意让别人发现自己身体的变化，因而产生了对异性的排斥心理。具体表现为，原来是两小无猜、互相打闹的好朋友，忽然变得生疏起来，互相回避，彼此不说话，不往来，男女界限"泾渭分明"。

2.异性吸引阶段

在孩子12~13岁时，这一阶段将持续两三年的时间，孩子开始对异性产生好奇与好感，渴望参加有异性的集体活动。他们希望能结识有共同话题的异性朋友，这是孩子们学习与异性交往的重要时期，他们往往能在活动中发现自己喜爱的异性类型。

3.异性眷恋阶段

这一阶段又称为原始恋爱期，是成长发展阶段的第三个时期。大多发生在孩子15~16岁，在这一阶段，孩子们心里蕴藏着强烈的眷恋，但又不敢公开表露，他们只是用精神交往方式来显示自己情感的纯洁性。同时，这也是孩子们的性心理发展阶段，他们的内心虽然多了冷静与理智的成分，但是，却没有办法克制自己的行为。

每一个成长的孩子都要经历这样一个过程：排斥异性——在群体中找到自己喜爱的异性类型——期望与自己喜欢的某个异性深入交流。如果父母仔细观察孩子，就会发现孩子在每一个时期的不同表现。对待孩子的性心理发展历程，父母不应粗暴地界定为早恋，而是学会理解孩子的这种对异性眷恋的心理需求。

1.鼓励孩子多参加群体活动

在现实生活中，父母总是担心孩子与异性接触，尽可能地阻止孩子参加有异性的群体活动，殊不知，这样的禁令反而促使孩子提早进入早恋阶段。所以，父母要鼓励孩子参加对身心健康有益的活动，以转移其注意力，发泄其充沛的精力。鼓励孩子根据个人兴趣，发展个人爱好，这样的话，早恋会适当减弱或转移。

2.引导孩子正确与异性相处

这一时期的孩子对异性有强烈的好奇心，他们渴望接近异性又害怕受到来自异性的伤害。作为父母，应该理解孩子的这一心理需求，鼓励孩子正常地与异性朋友交往，引导孩子在交往过程中，尊重对方的人格，真诚交往，互相学习。在与异性单独接触的时候，让孩子注意分寸，嘱咐女孩子尽量不要晚上单独与男孩子约会；如果对方提出一些无理的要求，要敢于说"不"。

## 正确看待孩子的早恋现象

阿德勒认为，那些缺少家庭温暖的孩子容易早恋。比如，在一个家庭里，父母感情破裂、经常吵架，对孩子关心不够。或者，父母已经离婚，孩子没能得到完整的爱，他生活在一个冷漠、压抑的环境中，心里渴望温暖，而来自异性的爱恰好能弥补这一点。

那么，在生活中，哪些孩子容易早恋呢？在学校里，那些性格外向、相貌出众的孩子比那些性格内向、相貌平平的孩子更容易发生早恋。阿德勒认为，那些性格外向的孩子大多敢于触犯校规，一旦有了自己合适的对象，他们就会大胆追求，有某些女生更是以被男生爱慕为荣。

一位糊涂的妈妈坦言："我真没想到自己的儿子也早恋了，看来，平日里我们做父母的对孩子关心不够，观察不到位。儿子刚上初中那会，还是跟以前一样，放学早早地回来，自己写作业，我们也不操什么心。后来，过了半学期，以前从来不要东西的儿子开始开口让我给他买最新款的衣服，说老实话，听到儿子开口要东西，我这个当妈妈还真高兴。平时工作太忙了,他的衣服差不多都是一个季节一个季节买的,我也没怎么关注现在流行什么,看来儿子也开始爱美了,当时,我还开玩笑跟儿子说'打扮得酷一点,这样,就能迷倒不少女生了',没想到,真是被我说中了。"

案例中的妈妈确实有些粗心大意,对孩子关注不够,连孩子早恋了都不知道。其实,早恋已经是一个老生常谈的话题了,但是,学校里的早恋现象还是屡禁不止,反而呈现出越来越多的趋势。虽然早恋现象日益普遍,但也并不是每一个成长的孩子都会陷入早恋。而且,如果父母能够仔细观察自己的孩子,就一定会从孩子的行为、言行中察出端倪,因为,孩子早恋是有迹可循的。

孩子进入青春期以后,父母需要密切关注孩子的一举一动,当然,这并不意味着父母全权干涉孩子的社交自由,或者监视孩子的行为。而是关注到孩子心理、情绪的变化,一旦发现孩子早恋现象,需要及时劝阻引导,以免孩子陷入感情的泥沼。

此外,那些学习成绩差的孩子比成绩好的孩子更容易早恋,这些孩子平时受到的关心比较少,他们没有办法把精力放在学习上,在学习中他们无法获得乐趣。于是,他们便把那些无处打发的时间和精力转向所谓的"爱情",以弥补感情上的空虚。

> 小贴士

1.孩子早恋有哪些信号

孩子早恋是有迹象可寻的，这需要父母仔细观察。比如，孩子常常背着家人偷偷发短信、写日记，若是不小心被看见了，急忙掩饰；孩子突然对那些描写爱情的文艺作品、电影感兴趣；孩子情绪起伏大，时而兴奋，时而忧郁，时而烦躁不安；孩子突然喜欢打扮，注意修饰自己；活泼好动的孩子突然变得沉默，不愿意和父母多说话；经常找借口外出，有时还撒谎；突然喜欢谈论男女之间的事情；回家后喜欢一个人待在房间里，经常无故走神发呆。

2.父母不应"对号入座"

如果你的孩子真的有上面所说的情况，父母也不应该对号入座，而要关注孩子的变化，弄清楚孩子到底有没有在恋爱。有时候，可能孩子遇到了烦心事，他并没有早恋。即使发现孩子真的早恋了，父母也不要轻举妄动，而应温和地问"听说，你最近和某某走得很近，是吗"，以朋友的身份与孩子聊天，以便引导孩子走出"早恋"的泥沼。

## 男孩同样需要性教育

对孩子早期性教育，关系到孩子身心的健康成长，关系到家庭和社会的安定。要多给孩子灌输隐私的概念，隐私的概念应该是从开始进行性教育时就告诉孩子，生殖器是人的隐私部位，在没有得到允许的情况下，其他人无权看或触摸这个部位。同时，父母需要通过非语言行为向孩子传递正面的信息，比如夫妻之间互相尊重、助人为乐等做事原则，这是对孩子最好的教育。

大多数父母对于如何对孩子开展性教育充满困惑，觉得回答孩子相关问题时很尴尬，不知道如何解答。阿德勒表示，不能刻意回避孩子关于性的问题，建议父母在自然的状态下引导孩子学习性知识。同时，在幼儿园阶段就应该开始对小孩的性教育，而需要改变目前性教育的窘境，最关键的是要改变老师和父母的观念。

卢妈妈近期为4岁儿子"我从哪里来"的问题所烦恼。妈妈之前跟他说，妈妈肚子里有个种子，长大了就成了他。但他后来有一天说："妈妈，我的肚子里也有一颗种子。"搞得妈妈哭笑不得，不知道怎么给他解答这个问题。

一位妈妈对12岁儿子的遗精非常关注，每次儿子换下的内裤都要进行检查，发现内裤上的精液后还要向儿子询问是否遗精，结果让儿子非常不好意思，总是把自己的内裤藏起来，甚至直接扔了。

家中的男孩子渐渐长大了，会慢慢发现自己和其他人的不同了。父母要正确、大方地对待男孩子提出的问题，清楚明确地对孩子进行性教育，对孩子进行正确的性道德教育。

### 小贴士

1.父亲是男孩子性教育的最佳人选

在现实中，很多母亲越俎代庖，代替父亲与儿子交流遗精的话题，这是非常不合适的。而父亲借口工作太忙来回避对男孩的性教育，这是对孩子不负责任的表现。母亲过度关注孩子是否遗精，甚至不断检查孩子的内裤，这侵犯了儿子的隐私，让儿子产生不被尊重的感受。母亲要明白儿子是一个男人，要保持与儿子的界限。

2.帮助男孩子建立正确的性别观

尽管一个人的性别在受精的一刹那就决定了，不过在心理层面上，性别的心理发展是从3岁到成年的这段时间。通常3岁左右的孩子，就会知道自己是男孩子还是女孩子，不过他们会好奇地问：为什么女孩要穿裙子、留长头发，而男孩子要穿裤子、留短发，这是儿童性别心理发展的开始。在这个阶段，父母需要注意，让孩子懂得保护自己的身体，同时让孩子对身体的各个部位有大概的意象。

大多数独生子女的男孩，从小受到父母长辈的宠爱，他们喜欢待在家里玩电脑，习惯了跳跃式、非逻辑思维方式，不会考虑其他人的感受，容易变得自私冷漠。有的男孩子到了适婚年龄，心智依然不成熟，没有责任意识，担不起责任。所以，父母培养孩子的性别意识，越早越好。

3.对男孩子进行性知识灌输

父母让孩子认识自己的身体，如给孩子洗澡时，可以告诉他身体每个部位的名字以及功能，就好像做游戏一般。在公众场合需要换衣服，引导孩子不要在公众场合换衣服，可以找一个遮蔽的地方，因为身体的一些部分是隐私的，让孩子了解到自己的性别。

对于孩子提出的性问题，父母需要尽可能地用简单的语言告诉他，如大方提到乳房、阴茎等字眼，就好像告诉孩子这是苹果一样。同时需要告诉孩子，这些部位是隐私的。父母需要端正自己的思想，才可以给孩子正确的引导。面对孩子的问题，父母只需要给一个直观的回答，不宜太详细，这样只会让孩子混乱。

## 对女孩子进行正确且适当的性教育

许多父母在孩子的成长过程中缺乏对其适当的性教育，如何对孩子尤其是女孩子进行性教育，是每一位父母面临的问题。阿德勒认为，给孩子正确的、适当的性教育，会让孩子更加自信地成长。

马太太5岁的女儿文文前不久在幼儿园尿裤子了，起因是她想像男孩一样"站着尿尿"。马太太回忆起女儿的这段趣事，忍俊不禁。"她回家问妈妈，为什么有的小朋友上厕所可以不用蹲下来？"妈妈一开始的回答是"因为他们有尿尿的器官，而你没有"，女儿就要求妈妈带她去超市里买一个。

后来，马太太和老公商量，应该用简单平实的语言告诉女儿，每个性别与生俱来的特征有哪些。"后来我只能跟她解释说，男孩站着尿尿，女孩蹲着尿尿；女孩可以穿裙子，男孩一般不穿裙子；大多数男生都不梳辫子。"不过，他们并不清楚，这样解释给孩子听，他们是否听得懂。

现代许多家庭对处于学龄前的女孩缺乏性保护，对女孩子的性教育更是只字不提。近年来，儿童遭到性侵害的案件屡有发生，特别是对女童私处的侵害，一次次血与泪的教训告诉父母们，从小教育女孩子自我防范性侵害，学习保护自己的身体。

对此，父母可以告诉女孩子，那些属于秘密的、不能暴露的地方，教育孩子保护私处的一些基本常识，平时给孩子穿宽松的衣裤以减少刺激，并增加有趣的活动转移孩子的注意力。

> **小贴士**

1.让女孩子知道哪些部位是"隐私"

在许多女童性侵害案件中,女童不懂得分辨隐私部分和性侵害行为,有些父母不懂得教育孩子,以至于对孩子形成"二次伤害"。所以,让女孩子及早了解性知识,懂得性安全,对保护自己十分重要。对于2~5岁的孩子,父母要教他们正确对待私处,这个阶段的孩子已经进入性蕾期,可能会当众触碰自己的生殖器官或玩性游戏。

2.帮助女孩子鉴别各种触摸

父母在平时可以告诉孩子不同的触摸,告诉孩子哪些是好的触摸,哪些是不适当的或有害的触摸,还有不知道是好是坏的触摸。诸如好的触摸是父母的拥抱、亲吻,与小朋友手拉手;不适当的触摸是打、拍、踢,或触摸孩子的隐私部位。

同时告诉孩子谁可以触摸自己,谁不可以触摸自己。告诉孩子,只有父母或其他照料者给他洗澡的时候,可以清洗孩子的私处。

3.制定安全规则

父母可以与孩子一起制定安全规则,当孩子身体的隐私部位受到某种不适当的触摸或被迫暴露于某种性侵犯时怎么办,告诉孩子可以采取这三个办法:用十分肯定或重要的语气告诉对方"不要碰我";尽快地离开;尽快将自己所经历的事情告诉自己最信任的一个成年人。

4.3岁后的女孩子最好独睡

3~6岁是孩子的俄狄浦斯期,女孩子会对父母的关系、两性之间的问题比较敏感。孩子3岁以后最好与父母分床睡,不过什么时候分房睡,需要依据孩子的实际能力决定。父母可以为孩子布置舒适的环境,准备一些洋娃娃,让孩子感受到安静与温暖。不过这并不需要急于求成,假如没有良好的过渡期,反而会让孩子对独睡产生恐惧。

5.别把女孩打扮成男孩

有的父母给男孩穿裙子,把女孩打扮成男孩。孰料,孩子会对自己的性别认知产生障碍,甚至造成"异装癖"。

# 第08章

## 教育本质，跟阿德勒学育儿

孩子在成长过程中会有真切的感受与体验，但在更多时候，这些感受与体验往往被父母否定，甚至扭曲。阿德勒认为，自己所认知的感受与体验，才是孩子内心的感受，如果父母总是否定孩子的感受，孩子会感到困惑甚至负担。

## 杜绝"灌输式"的教育

阿德勒认为，在教育子女方面，父母们容易陷入一些误区，不管孩子在想什么，不管孩子的意愿，而一味对孩子进行批评式或输灌式教育。父母永远站在权威、强势的位置上，不能理解孩子的想法和意愿，一厢情愿地认为自己"为了孩子好"，总是命令、强压、威胁、以暴制暴反而容易激起孩子的逆反心理，引发激烈的反抗。

事实上，要想改变这种现状，就要给孩子和父母平等对话的语境，做孩子的好朋友、好伙伴，才能使家中的沟通氛围更和谐温馨。

女儿总是抱怨："从小到大，我听得最多的一句话就是'都是为了你好'。这句话就好像一句咒语，父母总是打着爱的旗号，限制着我的自由和独立。"

只要女儿一不听话，妈妈就开始训斥："我辛辛苦苦赚钱，做那么多辛苦的事情，还不都是为了你好，可你呢？还反过来让妈妈生气，真是太让我伤心了。"当女儿做错事情，妈妈又开始训斥："你以为我愿意骂你、惩罚你吗？还不都是为了你好。骂你、惩罚你是为了让你知道你做的事情都是错的，让你知道悔改，让你知道以后该怎么做。"

女儿被逼急了，就会大叫："我不要你为了我好，我最讨厌这句话！"

父母总是说："我都是为了你好。"这些话实际上是沉重的，它带给孩子的，更多的是一种压力和负担。这些话如此斩钉截铁，不容辩驳，孩子一点小小的反抗都被视为大逆不道，让孩子只能选择去顺从。

父母对孩子的任何批评的话语再加上这一句"都是为了你好之后"就变得理所当然，许多孩子的天性就会因此被扼杀，最终按照父母认为该有的路线去规划、去发展，做他们认为对的事情。

### 小贴士

**1.征询孩子的意见**

当父母制订关于孩子的某项计划或规则的时候，最好听听他的意见。无论是"每天晚上只许玩半个小时的游戏，九点以前睡觉"还是"暑假去参加某某兴趣班或夏令营"事先都最好征求孩子的意见，对于参与制订的计划，孩子更有执行的兴趣、信心和耐心。不要安排孩子的一切，而是问他"这周末想要怎样安排？"如果孩子太小，不妨给出选择"是去游乐园还是去爷爷奶奶家？"

### 2.倾听孩子的想法

父母与孩子所处的地位不同,与孩子所关心的内容不同,想法往往也不一样,父母认为好的,不一定是孩子想要的;父母认为正确的,不一定是孩子认可的。听听孩子的想法与观点,对于孩子合理的想法和意愿,应放手让孩子去独立完成,或者设法满足孩子的合理要求;对于孩子不合理的想法,要先用心聆听,然后给出合理的建议,再让孩子自己去选择,哪怕他在尝试中会摔跤。多问问孩子"你是怎样想的?""说说你的主意?""你觉得这样解决怎么样?"这样才能培养孩子的开放性思维,提高孩子分析问题、开创性想法的能力。

### 3.与孩子多互动

在大多数的家庭教育中,父母永远处于主导地位,孩子永远处于被动地位,被迫接受父母的命令和斥责,不管这些多么没有道理。事实上,父母不一定都是正确的,应该尊重孩子作为一个独立个人的思想和意志,让家庭沟通变成一个双向的、互动的过程,父母可以影响孩子,孩子也可以影响父母。父母应多做出自我批评和自省,用语言和行为给孩子树立榜样。少说些"大人说话,小孩别插嘴""按照我说的去做",多告诉孩子"妈妈也有错""我们也有责任,忽视了你的感受""你有什么想法,说出来看看",会让孩子更重视、更尊重你。

### 4.允许孩子申辩

无论孩子做错了什么,请允许他进行申辩,并不要把这些申辩看成是狡辩、强词夺理，当然如果孩子任性，不讲道理，应必须坚持让孩子道歉。申辩也是一种权利，不能要求孩子俯首帖耳，这样的孩子没有前途。发现孩子不合你意，或者做错了事，应该首先思考到底谁出了问题，听听孩子的理由，而不能简单地训斥和责骂。不允许孩子申辩，不但不能使孩子心服口服，还会使他滋长一种抵触情绪，为说谎、推脱责任埋下恶根。孩子申辩本身是一次有条理地使用语言的过程，也是交流的过程，听听他的理由，也许你会觉得孩子这样做并没有什么错。当然申辩不等于强辩，如果发现孩子有推脱责任、强辩的倾向，应该坚持让他认识到自己的错误。

总之，父母学会平等地和孩子交流，不权威俯视，也不强势压迫和命令，而是倾听，然后尊重，实现平等，才能让孩子更服气，家庭氛围也能更融洽。

## 冷静看待自体客体经验

当天气一下子降温了，就会看见大街上许多孩子被父母裹得严严实实，但孩子自己却觉得很热。对此，心理专家提醒"有一种冷叫妈妈觉得你冷"。通过这种现象，反映出父母否定孩子自身真实感觉的现象，如果父母长时间保持这样的习惯，那必然会给孩子身心造成一定伤害。

阿德勒认为，孩子从刚出生时就是一个感觉体，慢慢唤醒他身上的每一种感觉、每一个奇观。感觉是孩子心理发展的基础，也是孩子探索世界的基础。父母的感觉只是父母的感觉，并不是孩子的感觉。父母感觉冷，不代表孩子就感觉冷，毕竟每个人对冷热的敏感度是有所差异的，父母怎么能证明自己的感觉是对的，而孩子的感觉是错误的呢？在父母长期否定感觉的情况下，孩子自己感觉世界的能力都被剥夺了，连确认自己感觉的能力都没有了，他们会感觉到害怕，并慢慢退缩。

小明感到很苦恼，每次妈妈都是自以为地说出自己的感受，但那确实不是自己的真切感受啊。

比如，一到冬天，妈妈就会拿出毛衣、棉衣、毛裤，里三层外三层地要求小明穿上，小明内心是拒绝的，但妈妈便会说："你看外面才几度啊，这气温，你还准备少穿衣服？这感冒了谁带你去医院啊，我一天工作还忙着呢，可没工夫管你。"有好几次，因为穿得太厚，体育课运动之后背心全是汗，结果反而感冒了，妈妈又会说："你看你，我就知道你少穿了衣服才会感冒，不听妈妈的话，所以才会这样。"

小明每每在学校与小伙伴发生了不愉快的事情，便会感到很难过。这时妈妈自以为是的感觉又上线了："有什么好难过的，你这学生时代的朋友啊就没几个真的，以后过个几十年，你们谁还记得谁呀，真的是，现在的孩子啊，心灵太脆弱。"听着妈妈的话，小明更难过了。

在心理学中，有一种自体客体经验。举个简单的例子，当孩子摔倒了，感觉到疼，不过孩子不会说话，没办法表达，妈妈便会抱着孩子说："妈妈知道你疼了。"这时孩子是自体，妈妈是客体，体验是自体感受到的，却是客体表述的。正常情况下，当孩子内在的自体体验，被妈妈这个客体理解的时候，孩子内在是安定的、愉快的。而上面这个故事中，孩子的自体经验被父母给扭曲了，这是非常可怕的。自体心理学创始人胡特认为，自体客体经验都是中性的，没有好坏之分，不过在现实生活中，许多父母会分辨一些感受，长时间否定孩子的真实感觉，容易导致孩子不自信、不合群。

比如，当孩子去打预防针，孩子哭了，有的父母会说："不疼不疼。"孩子哭得更大声了，父母继续说："你是个勇敢的孩子，不哭。"结果孩子哭得更大声了，父母会感到很不解，孩子怎么越哄越哭呢？其实，孩子后来并不是因为疼哭了，而是父母否定了自己的感受，所以感到委屈。在孩子看来，明明就很疼，为什么父母偏偏说不疼呢？假如一个孩子的成长过程中，自体客体经验总是被歪曲，则很有可能影响自我价值的认知与实现。

在日常生活中，许多父母会习惯性地犯同样的错误——否定孩子的感觉。事实上，父母否定孩子的感觉，通常来说，除了会让孩子感觉父母不尊重自己的意见和想法，影响亲子关系之外，更严重的还会让孩子变得自卑，怀疑自己的是非判断能力。一旦父母对孩子的真实感受作出否定时,孩子也会受父母的影响对自己的判断产生怀疑。假如这样的事情长时间发生的话,孩子会感到自己的感觉和判断出现了问题,慢慢地就会越来越没自信作出判断,后来他们也不敢随便发表意见和看法了。

此外,父母经常否定孩子的真实感受,除了会导致孩子变得自卑、不合群之外,还会造成亲子沟通障碍。每次当孩子告诉父母自己的一些感受,而父母第一句话就否定孩子,孩子往往会马上关闭沟通的通道,不想再和父母沟通了,这样一来,父母也就失去了亲子沟通的机会。

### 小贴士

1.第一时间认同孩子的感受

当孩子因为某些原因跟同学产生矛盾之后,一些父母会随意地说:"这不过是一件小事,没必要跟同学计较,你要跟同学成为好朋友。"然而,这时候孩子的感受并未得到父母的认同和尊重。正确的做法应该是,安抚孩子的情绪,给孩子一个拥抱,对孩子说:"宝贝,爸爸知道你很难过,如果我遇到这样的事情,也会一样难过。"等到孩子情绪平复下来之后,再启发孩子解决问题的办法。

2.不否定孩子的真实感觉

父母应该深知,孩子有权利拥有自己的情感,有权表达自己的情感，父母不该对孩子说"你不可以有那种感觉"，父母正确的反应应该是"我很难过你这样觉得，因为我的感觉是……"孩子的意见或许会跟父母不同，很多时候难以判断哪些意见比较合理。不过当父母懂得尊重孩子的感受时，孩子也会更尊重父母。

3.用同理心对待孩子

当孩子感受与父母感受不同时，父母应该站在孩子的角度思考问题，以同理心理解孩子，认同孩子的感受，让孩子感觉父母是懂自己的。一定要牢记，父母对孩子的感觉要认同而不是否定，把孩子的人生留给孩子自己去体验，父母也可以向孩子分享自己的感受。同时，如果孩子缺乏处理问题的经验方法和技巧，父母则可以给孩子一些问题的处理建议。

4.提前预知感受

孩子摔倒了，父母应抱着安慰："妈妈知道你疼了"；打预防针之前，父母会提前告诉孩子："待会儿打针可能有点疼，疼了你就哭出来"，结果孩子很少哭，最多哭一两声就好了；在游乐场孩子想玩，但有别的小朋友在玩，父母应说："妈妈知道你现在很想玩，不过我们得等小朋友玩完再玩"。正因为父母对孩子感受的接纳和尊重，所以孩子平时很少哭又很善于表达自己的感受，很多时候表现出来的都是很懂事的样子。

## 争执可以帮助孩子变得自信和独立

父母总会觉得小孩子见识少、阅历浅、不成熟,又是自己生养的,于是形成了"大人说话小孩子听"的定论。许多父母不允许孩子与大人争辩,他们奉行"父母之命"的教义。孩子只能对父母的话"言听计从",是决不允许与父母拌嘴、争辩的,否则就是"大逆不道"。

实际上,随着孩子进入成长期,他们的自我意识开始被唤醒,这时父母与孩子争辩是一件有意义的事情。所谓争辩是争论、辩论的意思,是各执己见,互相辩论说理,这样做有利于思想沟通,通过争辩达成共识、解决问题。

汉堡心理学安格利卡法斯博士认为:"隔代人之间的争辩,对于下一代来说,是走上成人之路的重要一步。"允许孩子适当争辩,是有助于孩子摆脱无方向状态的一个途径,可以使他们知道自己的能力和界限在何处。同时,争执可以让孩子变得自信和独立,在对抗中他们感觉自己受到重视,知道怎样才能贯彻自己的意志。争执也表示孩子正在走自己的路,他们注意到,父母并非总是正确的。

豆豆爸从小在父母严格管教下成长,虽然他在无数个夜晚回忆起父亲用藤条抽在自己身上的痛楚仍颤抖不已,但是他依然感激父亲的严格成就了今天成功的自己。所以,他在对孩子的教育方面,一直坚信:严格管教,让孩子绝对听话。

从小豆豆就被爸爸教育："在我面前，没有'不，不要'的答案，只有'是'的回答。"当爸爸问："这次期末测验能取得优异成绩吗？"豆豆的回答必须是："是的。"否则便会招来爸爸的一顿责骂。从小学到中学，豆豆几乎从来没有忤逆过爸爸，总是毕恭毕敬，对爸爸所有的吩咐以及教导都点头称是，从来没有争辩过。

转眼到了高三，在填报高考志愿时，豆豆与爸爸有了分歧，爸爸希望豆豆成为一名老师，但豆豆却想成为一名医生。爸爸说："你知不知道，你爷爷是老师，我是老师，你当然也只能是老师，不能做其他的。"豆豆第一次昂起头，迎着父亲的眼睛争辩说："为什么？我也有决定的权利。"爸爸不屑地说："你是孩子，爸爸决定的事情，哪有你说话的份儿。我以前就是这么成长过来的，所以你也应该这样成长。"

阿德勒认为，争执可以帮助孩子变得自信和独立。在与父母争辩过程中，孩子会感觉自己受到重视，知道应该怎样表达才能实现自己的意志。同时，争执也表明孩子自我意识的觉悟，正在试着走自己的路。争辩的胜利，无疑让孩子获得了一种快感和成就感，既让孩子有了估量自己能力的机会，也锻炼了他的意志力。

父母在教育孩子的时候，经常会遇到他回嘴、反驳、顶撞等情况。面对孩子的争辩，父母明智的做法就是给他争辩的权利，认真听取他的争辩。这样父母可以从孩子的争辩中了解他发生某种行为的背景、条件以及心理动机等,从而进行针对性的教育。

同时,让孩子争辩,为父母树立了一面镜子。父母通过听取孩子的争辩,可以检验自己的教育方法是否得当,说法是否在理。明智的父母常常不把自己的意志简单地强加在孩子身上,而是为孩子争辩创造一个宽松、平等的氛围。而在与孩子争辩过程中,父母应循循善诱,以理服人,不要简单地把孩子的争辩看作是对自己的不敬。

### 小贴士

1.孩子争辩意味着其能力的发展

孩子争辩的时候,往往是他最得意、最来劲、最高兴、最认真的时候。这样做对孩子是很有益处的。允许孩子这样做,还可以营造家庭的民主气氛,提高他各方面的能力,对孩子未来的生活也是大有好处的。

2.允许孩子争辩

父母应该树立一种观念,允许孩子争辩,这并不是什么丢面子的事情。那种认为一旦允许孩子争辩,他就会不听话,不尊重自己,与自己为难的想法是不正确的。孩子与父母争辩,对双方都是很有好处的。

### 3.制定一定的规则

当然,孩子争辩是应该遵循规则的,也就是说,不允许他胡搅蛮缠、随心所欲,而是要在讲道理的基础上进行争辩。假如孩子违反了争辩的规则,父母自然应该加以制止。当然,父母是规则的制定者,因此在制定规则时要从实际出发,合乎孩子的情况,合乎一般的道理,否则,这样的争辩就是不合理的。

### 4.给孩子说话的权利

对于许多父母而言,给孩子说话的权利并不能轻易做到。父母在教育子女的时候,往往是只能我说你听,哪里容得孩子争辩?所以,在给孩子争辩的权利时,需要父母克服自以为是、唯我是从、只准说是、不准说"不"的单向说教思维定势,而采取尊重孩子、鼓励争辩、勇于认错、善于双方交流的思维方式。

### 5.事后反思

有时候孩子会因叛逆思维而毫无理由地争辩,父母事后可以反思,到底是自己没有尊重孩子的意愿,还是孩子确实是在胡搅蛮缠。假如是前者,那父母需要反思自己,是否真的尊重了孩子;假如是后者,那可以仔细观察孩子做出这样行为背后的真实心理,了解之后予以相应的教育方式。

## 决定孩子一生的是人格教育

对父母而言,孩子一天天长大,生理一天天成熟,不过心理年龄却极不稳定。让父母非常担忧的是,孩子自以为已经是成年人,渴望人格独立,经常对父母的询问三缄其口,日记上锁,和同学打电话也避开父母,很少与父母谈心里话。父母总想知道孩子为什么跟过去不一样了,他们担心自己的孩子因缺乏辨别力和免疫力误入歧途。当孩子不愿意开口的时候,父母了解孩子心理状态及交友情况的最佳办法就是看日记。

阿德勒认为,对孩子而言,自己已经长大了,有主见了,渴望独立自主,更希望得到别人的尊重和信任。他们喜欢独自思考问题,喜欢将秘密写入日记里。而且,孩子在这一时期已经明白未成年人不愿意公开的日记应属于个人隐私的范围。当孩子知道父母偷看自己的日记,便会认为父母侵犯了自己的隐私,最终的结果是造成双方关系紧张。

女儿月月这学期上初一,从小学到初一,女儿在学校是同学、老师眼里的好学生,在家里是父母眼里的好孩子,学习、表现都没让爸爸妈妈操心。但是,这学期开学不久,妈妈发现月月好像变了。每天回家,月月不再像以前那样稍微休息就开始写作业,而是喜欢照镜子,学习上也变得懒散了。不仅如此,女儿的学习成绩每况愈下,女儿到底是哪里不对劲了?妈妈内心很是苦恼。

## 第08章
### 教育本质，跟阿德勒学育儿

问题的根源到底在哪里呢？尽管妈妈旁敲侧击，选择比较宽松的时机，想办法与月月沟通，但月月一副若无其事的样子，而且还对妈妈说："妈妈，我平时不就一直是这个样子吗？"妈妈一直愁眉苦脸，直到有一天，为女儿月月整理房间时，看到女儿的日记本放在床头柜上，妈妈不由心头一动，忍不住翻看了女儿的日记，不看则已，一看心惊：女儿喜欢上班里的一个男同学了……就在妈妈合上女儿日记本的时候，女儿走进了房间……

月月责怪妈妈侵犯了自己的"隐私"，是"违法行为"，而妈妈则气不打一处来，本来想对此事先冷静再说的妈妈忍不住冲动地骂了月月一通。最后，月月不但不认错，而且开始与妈妈较劲，一个月过去了，月月也没和妈妈说过一句话。妈妈又急又气，父母关心孩子，难道有错吗？

在案例中，月月妈妈不应该"见风就是雨"，成长中的女孩喜欢上某个异性同学并在日记里表达出来是很正常的，父母不应该与女儿正面冲突，而应选择合适的时机因势利导。现在许多孩子有记日记的习惯，且把它珍藏在抽屉里，有些甚至上了密码锁。这就会让父母与孩子产生隔阂，认为孩子有意回避什么。有的父母由于翻看孩子的日记，让孩子的自尊心备受损伤，产生这种家庭矛盾的原因是双方的。

阿德勒认为，日记是孩子的隐私，父母确实不应该轻易翻看孩子的日记。不过，当孩子不愿意开口说出自己的真实想法时,有时会在日记中有所表达。假如这时父母可以了解到孩子的内心世界和真实想法,然后做出有针对性的指导,对孩子来说是很有益处的。然而,需要提醒的是,这是一个十分严肃的行为,父母在之前必须慎重思考,否则,就会给孩子带来不可弥补的伤害。

### 小贴士

1.给孩子独立的精神空间

父母需要尊重孩子,改变用强迫、指责等消极方式对待孩子,给他一个独立的精神空间。父母需要花时间、有耐性,做个有修养的听众,用心倾听孩子的心声,走进孩子的世界,积极发现孩子的优点,并进行发自内心的赞扬。假如确实需要对孩子进行批评,也要私下秘密进行。父母要花精力去了解孩子的需要,和孩子进行思想、感情、生活体验等各方面的沟通,孩子心里有事肯定愿意告诉父母。

2.有效增进与孩子之间的感情

孩子有较强的独立意识,父母可以利用吃饭等一家人围坐一起的时间,一起回忆孩子小时候的趣事,建立孩子对父母的亲近感和信任感。周末与孩子一起逛街,在这个过程中父母需要淡化自己长辈的身份,尽可能让孩子带着自己玩,让孩子感到自己也可以对父母产生影响,从而缩短彼此之间的代沟,这样孩子才愿意对父母说出心里话。

**3.与孩子老师建立积极联系**

父母需要加强与孩子学校的联系,当发现孩子有什么异常行为时,可通过班主任、老师了解情况,并请他们帮忙做孩子的工作。孩子遇到困难,心理肯定会产生一些变化,而这些变化很容易就会表现在孩子的神情举止上。父母关心孩子,很容易就会察觉到他心情上的变化,从而与他进行沟通解决问题,这时无须通过翻看孩子日记来了解他了。

**4.避免翻看孩子的日记**

假如孩子发现父母在偷看自己的日记,会降低甚至失去对父母的信任感,不利于他的健康成长。如果父母实在不小心看了孩子的日记,他问起来也要说实话,再道个歉,假如孩子想和父母交流就如实说出自己的想法。假如父母与孩子之间有一定的透明度,孩子有机会向父母展示自己,有机会请父母帮助自己,那才是教育的上策。

**5.尊重孩子隐私**

父母要充分尊重孩子,不要野蛮地控制他。侵犯孩子的隐私,只会造成他对人性的敏感,排挤周围人,情绪上容易受到波动。孩子不愿意被控制的心理,会让他不停地反抗,回避问题,从而与外界隔离,这样下去父母就没办法与孩子交流,从而失去孩子的信任。

6.理解和支持孩子

父母要从心理上理解和支持孩子,心理上的关爱是父母给孩子最大的财富,适当地给孩子一定的空间,让他能自己解决问题,这也是锻炼孩子独立面对问题的一种方式。

# 第09章
## 学习责任,找准平衡点是关键

孩子学会学习,必须培养良好的学习习惯。大部分学习成绩好而且稳定的孩子,必然是从小就培养形成了良好的学习习惯;而成绩时好时坏的孩子,往往缺乏良好的学习习惯。良好的学习习惯有哪些呢?如何培养呢?阿德勒育儿给予父母很多启示。

## 孩子需要有目标地学习

阿德勒告诉我们：所有的成功者最初都是由制定一个小小的目标开始的，一旦拥有了目标，你就会产生无穷的力量。孩子的学习需要目标，没有目标的学习，就好像走路没有终点和方向，那简直是漫无目的地徘徊，孩子难以有积极性和主动性，更不会为寻找最合适的学习方法而努力了。

周末，妈妈和爸爸带着田田回了外公家，还没有走进家门，田田就向外公怀里扑去了。外公用胡须扎了扎田田的脸，笑着说："咱们田田长大了，现在是小学生了，再也不是那个哭哭啼啼的小娃娃了。"田田摸着外公的胡须，外公抱着田田："小学一年级第一学期吧？"田田点点头，外公继续说道："这可很重要，开门第一炮，打算期末考试考多少分呢？全部考一百分外公可有奖励呢。"田田好奇地看着外公："什么奖励？"外公放下田田："你想要什么，外公就给你买什么，好不好？""好，这可是你说的啊，不许反悔哦。"田田向妈妈跑去，一边喊着："妈妈，妈妈，我要考一百分，我要考一百分。"妈妈搂着田田，笑着点点头。

从外公那里回来，妈妈就为田田制订了学习计划：按时完成老师布置的作业；学会预习功课；每天认识一定数量的生字；多做算术题；照常上课外班，是田田喜欢的跆拳道。学习目标就是争取在期末考试中每科都考一百分，妈妈为了提高孩子的学习效率，还规定了写作业的时间。当然，学习计划刚开始施行的时候，田田精神很足，每天都按计划学习，后来，他就显得有点心不在焉了。妈妈觉得田田学习量有些大，调整了一些学习时间，并增加了奖励制度，如周末带着田田去公园玩，全家一起去吃好吃的，以激励奖励为主的教育方法，很快使得田田喜欢上了学习，对制订的学习计划也欣然完成，学习效率有所提高，学习能力也大大增强。妈妈觉得要让孩子玩得痛痛快快，学得踏踏实实，这样他在学习上就会事半功倍。

当孩子告别了以游戏为主的幼儿园，来到了以学习为主的小学，几乎每一位父母都关心孩子的学习，希望孩子能全方面地学习，但有的父母却不得要领，虽然事必躬亲，但却见不了成效。

实际上，父母作为孩子的领航者，应该帮助孩子制订可行的学习目标和学习计划，以兴趣作为孩子最好的老师，让孩子在愉快中学习。孩子不能主动学习，甚至连作业都需要父母监管，缺乏目标激励重要的原因，就是孩子学习没计划和目标。

> **小贴士**

1.制订可行的学习计划

面对孩子的学习问题,有的父母觉得孩子还小,没有必要制订什么学习计划,任他们自由发展就行了。虽然在现实生活中,绝大多数孩子都有在父母帮助下制订的学习计划,但却往往不能成功地施行。主要原因在于他们的学习计划不合理,不是太空泛,就是太具体。有的父母制订的学习计划太空泛了,没有任何具体可施行的操作性,所以,学习计划根本没有发挥出它应有的作用;有的家长制订的学习计划太具体了,甚至具体到几点几分做什么。孩子不是士兵,他们根本不可能这么严格地完成,结果慢了半拍就会使其他部分受到影响,最终整个计划都无法完成。因此,合理可行的学习计划应该是"长计划、短安排",合理支配孩子的时间,不能让孩子感受到太忙碌,也不能太放松,能让孩子"玩得痛快,学得踏实",这样的一个学习计划由父母与孩子一起制订最好。

2.制定合理的学习目标

也许,许多父母都认为孩子在小学一年级应该取得优异的成绩,诸如每科都是一百分,这在大人看来并不是一件难事。但是,并不是任何一个孩子都会认为小学一年级的课程相当简单,有的孩子也会感到一些难度。父母应该为孩子制定合理的学习目标，而不是强行地要求"你必须考到一百分"，这样孩子就会感到有很大的压力，只有几岁的孩子也会不由自主地担心"要是我没有考到一百分怎么办"，这样的忧虑心理将直接影响他的学习，也会使他产生一种厌烦情绪。父母应该让孩子明白，只要你比上一次进步就好了，这样来勉励孩子不断地进步。

3.养成良好的学习习惯

养好的学习习惯对于成功地完成一个学习计划是必不可少的，父母可以和孩子一起制订一个作息时间表，以此保证孩子每天都能有充足的睡眠。另外，孩子对小学学习表现出最大的缺点就是注意力不集中，父母也可以有意识地培养孩子的专注力。时间由短到长，可以先从孩子比较感兴趣的事情开始训练；父母可以通过讲故事，吸引孩子的注意力，并通过提问来集中孩子的注意力；在生活中，父母可以请孩子帮忙拿一些东西，由一件到多件，请孩子一次性完成，如"请你帮我拿一个梨子、两个苹果、一把水果刀和一些牙签"。

另外，在施行学习计划的过程中，还需要注意几个问题。孩子在完成作业的时候，需要有时间概念，不能一道题就做了很久；尽量不要在孩子的学习时间打扰到他们；帮助孩子不要受到各方面的干扰，如不要在书桌上放玩具和零食；刚开始的时候，父母可以监督和指导孩子学习情况，渐渐地就要有意识地培养孩子的自觉性，培养孩子独立写作业的习惯。

## 引导孩子找到自己的兴趣点

对父母而言，永远不要对孩子失去信心，对孩子要多一些鼓励，让他们明白，每个人最终都会找到适合自己的事情。在对孩子的教育上，每位父母都渴望将自己的孩子培养成全才，样样出色。但是，事实上，除非你的孩子是天才，否则要想在每一门功课都能出色，那无疑是很困难的事情。

阳阳12岁，是一名初一的学生。他小学的成绩还可以，处于班级的中等水平。自从上了初中之后，经常因为考试成绩低而招致爸妈的责骂。由于在城里住校，每周才回家一次，老师频频与他的爸妈联系，反映孩子在校学习过程中学习态度很不端正，经常在上课的时间无精打采，提不起学习兴趣，而且经常旷课在宿舍睡觉、逃课和一群朋友出去上网。而且屡教不改，班主任常与他的爸妈联系，甚至还请他爸妈到学校进行面谈，不过阳阳的表现并没有多大的改变。

阿德勒认为，每一个孩子都有强烈的好奇心，面对着世间万物，他那小小的心灵更是充满了好奇与渴望，父母应该寻找出孩子的兴趣点，帮助孩子挖掘出巨大的潜能。有的父母要求孩子练钢琴、学画画、背唐诗，不管孩子是否喜欢，强迫孩子完成练习。其实，这样会无形之中扼杀孩子的兴趣爱好，压制了孩子的天性，会使孩子产生一种逆反情绪，不但不会促进孩子的健康成长，反而会害了孩子。那么，如何帮助孩子寻找兴趣点呢？

当孩子在学习上遭遇挫折，父母千万别怀疑孩子的智力，这样只会让孩子更加迷茫和胆怯。父母需要做的就是安慰和鼓励孩子，让孩子满怀信心地向前走，最终找到自己感兴趣的事情。别让孩子失去信心，让他们明白，每个人最终都会有适合自己的兴趣和特长，这才是人生正确的选择。

### 小贴士

**1.兴趣是最好的老师**

其实，兴趣对于孩子来说，是一种重要的非智力因素，却对其今后一生的发展都有决定性作用。如果一个孩子有了强烈的兴趣和求知欲就会努力学习，积极主动探索，进而爆发出前所未有的潜能。正所谓"兴趣才是最好的老师"，如果孩子根本没有任何的兴趣，父母强行让孩子学习也不会有成效。许多人的成才都说明了这一点，牛顿小时候对机械很感兴趣，喜欢拆钟表、风车，正是由于强烈的兴趣，牛顿成功地发现了力学三大定律和万有引力定律。所以，对于父母来说，培养孩子的兴趣十分重要，只有这样才有利于孩子的学习。

**2.如何培养孩子的兴趣**

每个孩子都有感兴趣的东西，这时候父母要加以正确引导，使之发展成爱好。但是，孩子所感兴趣的东西是不固定的，具有多变性，可能他今天喜欢画画，明天喜欢唱歌，后天又喜欢上钢琴了。父母面对这样的情况就没有办法了，认为孩子不能成才。其实，并不是这样，父母应该耐心等待，帮助孩子确立一个较为稳定的兴趣，并在这一兴趣多花一些工夫，充分创造条件，加以鼓励，使兴趣成为孩子的特长。当孩子觉得厌烦而想放弃的时候，父母也要鼓励孩子战胜困难，在兴趣中取得成绩。

3.捕捉孩子的兴趣

父母要善于捕捉孩子的兴趣，对自己的孩子多进行仔细的观察，发现孩子的兴趣就要正确引导。若孩子性格有些内向，父母需要主动与孩子交谈，明白他所感兴趣的是什么，寻找其兴趣点；有的孩子兴趣比较强烈，经常不顾场合就表现出来了，这时候父母也要循循善诱，不要压制，而要帮助孩子把那强烈的兴趣发展成为爱好特长，使孩子在擅长方面有所成就。

4.引导孩子的兴趣

另外，父母对于孩子的兴趣要加以引导，而不能凭着自己的意愿，如社会潮流、自己的职业、偏爱而强行决定。如果你违背了孩子的意愿兴趣，强迫孩子做他并不感兴趣的事情，也不会取得很好的效果。当孩子对某一事物的兴趣过于强烈，以至于影响了课程，这时候父母也要帮助孩子分清主次，向孩子讲清楚，只有做好功课，才能进行深入研究，让孩子把兴趣和学习结合起来，共同发展。

## 全面学习，克服短板

阿德勒告诉我们：全面发展，克服短板才是王道。父母在关注孩子学习情况的时候，无意中会发现一个有趣的现象：他们做有些科目的作业速度很快，轻松自如；而在做另外一些科目的作业，却总是磨磨蹭蹭，拖拉半天连本子都没打开。每到这个时候，父母就忍不住生气了："怎么总是这样拖拖拉拉？"意识到孩子这门功课不太好，父母就想方设法地给孩子找老师辅导，但是，现实情况依然是"老黄牛拉破车"，没多大进步，难道是孩子太笨了吗？

罗妈妈眉头紧皱，她讲了自己担忧的一件事："我女儿早在八九岁的时候，就对乡下田地里出现的碎瓷片很感兴趣，经常捡一些回家收藏，之后还买了许多陶瓷的书籍阅读，我们都觉得她在这方面很有天赋。

"进入初中之后，她对青铜器和古文字的研究更是到了痴迷的程度，常常一个人关在房间里看考古方面的书籍。可是，面对她这样的情况，我们却很担忧，她的语文成绩很突出，但英语和数学却相对表现出弱势，拖了后腿，我真的很着急，她现在的成绩就在重点中学分数线上下，由于受到数学成绩的限制，想考更好的大学很危险。我们一家人都为此担忧，希望孩子能把数学和英语成绩补起来，但孩子很坦然：'我就喜欢考古，不喜欢数学和英语。'我真不知道该怎么办呢？现在模拟测试成绩出来了,由于数学和英语的牵绊,孩子的分数离重点中学还有很大一段的距离,恐怕是她空有一技之长,也是深造无门啊。"

其实,造成这种情况的原因并不是因为孩子太笨了,而是孩子偏科。有数据显示,大约有21%的小学生有偏科现象,到了高中,偏科学生的人群更是上升到了80%。对此,教育专家提醒,孩子的偏科越早发现越好,只要父母正确引导,找到孩子科目弱势的原因,就可以避免把早期的学科弱势和后进发展成偏科。

父母应该明白,造成孩子偏科的原因是多方面的:首先是他的心理因素,由于父母过多表扬和无意识的暗示,他产生了认识偏差,认为自己只要某科学得好,别的都不重要。在成长过程中,由于个体差异,有的孩子在逻辑和抽象思维方面没有形象思维发展快,会出现偏科现象;其次,孩子在学习过程中没能把每科知识点细化,一旦学习有难度,他就会逐步失去对该学科的兴趣;最后,孩子不能跟随老师学习,不能理解老师所讲述的知识点,不能完成作业,这些都有可能造成偏科。

资深心理咨询师陈默这样说道:"要纠正偏科,首先要搞清楚引起孩子偏科的原因,然后对症下药,才能取得好的效果,有些先天弱势可以通过家长的正确引导来纠正,否则孩子只会在偏科的路上越走越远。"

> 小贴士

1.不要给孩子偏科的心理暗示

许多父母在发现孩子偏科现象的时候,会忍不住说"啊,英语确实太难了""我以前读书时也是作文总写不好",如此,就会给他偏科的心理暗示。可能有的父母只是想给孩子一点鼓励,告诉他自己曾经也遇到过这样的困难。但是,对于学习阶段的孩子来说,这样的话很可能给他带来的是偏科的心理认同教育,暗示孩子"偏科真是没办法纠正",将加重他的偏科程度。

2.对待孩子偏科现象,摆正态度

作为父母,对孩子偏科的态度是什么?其中,有20.93%的父母选择了"完全不能接受,孩子必须全面发展",58.14%的父母选择"一定程度上可以接受,甚至一定条件下鼓励偏科",剩下的父母则选择了"凭孩子自由发展"。阿德勒认为,父母持有什么样的观念,决定着父母在纠正孩子偏科中的角色。

3.培养孩子对弱势学科的兴趣

"兴趣是最好的老师",有的孩子偏科的原因就是对该学科缺乏兴趣。对此,父母应想办法培养孩子对弱势学科的兴趣,多给他讲这个科目在现实生活中应用的事例,让他从心理上自觉的消除厌恶感和抵触感。

**4.联合偏科老师共同鼓励**

另外,你可以找孩子偏弱学科的老师细心谈一次,让老师鼓励他学好这门功课。告诉孩子"老师跟我说,其实你学英语挺有天赋的,因为你的记忆力很好",如果老师能细致地关心他,那么,一定会收到"春雨润物细无声"的效果。

## 引导孩子克服紧张情绪

人们把这种平时表现良好,但由于缺乏应有的心理素质而导致正式比赛失败的现象称为"詹森效应"。不少孩子在考试前都会有紧张的情绪,有的孩子会手心出汗,甚至出现头晕、全身乏力的现象。面对如此紧张的孩子,父母也陷入了焦虑,不知道该什么办。实际上,孩子在考试之前出现紧张的状态,都是有原因的。

面对考试,该怎么办呢?阿德勒告诉家长,其实就是强化信心,正确地看待考试。考试都是有规律可言的,只要平常学习到位了,那考一个理想成绩应该是自然的。我们可以对孩子说:考试并不可怕,它和平时作业练习没有什么本质的区别。假如孩子对自己还是信心不足,那就要引导他看到自己的优势以及不断地进步。要多看、多说、多想自己的优点,尤其是那些平时贪玩而成绩不太好的学生，千万不要觉得一切都太晚了就轻易放弃。当然，父母应该认真地分析孩子的实际水平，从兴趣爱好以及能力出发来选择孩子最适合的目标，既不能好高骛远也不能妄自菲薄，假如目标实现的机会大了，自信自然也会增强很多。

最近要考试了，和大多数父母一样，林妈妈也陷入了焦虑中。中午吃饭的时候，几个同事坐在一起都议论开了："平时孩子倒有说有笑挺轻松的，一到考试就紧张了，天天在我跟前说'不想考试，讨厌考试'，这可怎么办呢？""我家田田也是，平时活泼机灵，看起来很轻松，但一到考试整个人都懵了，每次到了期末考试都紧张得手心冒汗，有一次考试，她还紧张得生病了。""我家孩子更厉害，每次考试都想逃避，不是生点小病就是出点事情，只要一听说要考试，不仅孩子紧张，连我都紧张了。"听了同事们的聊天，林妈妈也加入到了其中，最近豆豆老是心神不定的，好像书也看不进去，几次还跟妈妈说："妈妈，要是我没有考好，你会打我吗？"那眼神中透露出的紧张，连林妈妈都忍不住心疼。

孩子一考试就紧张，到底是怎么回事呢？

有的父母对孩子期望很高，孩子考砸了就会进行打骂责罚，这样一些过去的心理阴影会成为一种心理障碍，一听说考试就不由自主地紧张起来；有的孩子本身心理素质就比较差，平时也很少向父母诉苦，即便是自己有许多学习上的压力也一个人承受着，而这时候父母也忽视了对孩子心理问题的关注，这就造成孩子心理承受能力比较差、容易紧张的情形；有的孩子则是因为承受着来自周围环境的压力，有可能是老师方面的压力，也有可能是同学们无意带来的压力，他在一种压力重重的环境中自然会产生紧张的情绪。

在考试中，孩子可能会遇到许多困难，假如估计不足，缺乏应对准备，就可能影响临场的状态，导致紧张慌乱。父母要给予孩子一些建议，比如，考试时生病怎么办、考试前遇到不顺心的事情怎么办、一开始就遇到不会做的题怎么办、万一第一门课考得不理想怎么办。假如父母事先考虑或准备得充分一点，即便孩子真的遇到了，就会冷静很多，也不至于手足无措。

**小贴士**

1.给孩子一个轻松的环境

即便是担心孩子的情况，父母也不要表现出自己的焦虑，需要给孩子营造一个轻松的环境。如果考试临近了，父母不应该把所有的注意力都放在孩子的考试上面，这样不但给自己带来了烦恼，无形之中也给孩子带来了压力。父母可以假装无意地说："咦，你今天考试？我还以为还要过几天呢，好好发挥哦。"这样不经意间透露出来的轻松，就会让孩子也放松一些。

2.缓解孩子紧张的心理

有的孩子学习上遇到了很大压力,他也不会开口向父母讲,这时候就需要父母主动与孩子谈心,明白他到底在担心什么,找到问题的症结所在,这样一点一点地缓解孩子心中的压力。尤其在考试来临之时,父母可以与孩子谈一些轻松的话题,让孩子放松心情,释放出紧张的情绪。

3.给予孩子充分的自信

有的孩子念念不忘以前考试失利的经历,每逢考试都担心自己会考得很差。这时候,父母要给予孩子最大的支持,告诉孩子要相信自己。另外,父母也可以教会孩子增强自信的秘诀:每天早上对着镜子说"我是最棒的"。这样,孩子就有充足的自信来应付考试,紧张的心情也会随之消失。

## 培养孩子好的记忆力

背诵是学习的第一步。有时候孩子小时候背诵过的文章,长大后就可以随口而来,根本不需要大脑的片刻思考。更为关键的是,背诵的主要意义是培养一个好的记忆力。

阿德勒认为,通常情况下,孩子的教育是从三岁开始的。在学校里,孩子们从记忆简单的文字开始,一直到可以诵读。这样做的目的不是让孩子理解文章的意思,而是让他们背诵,假如孩子不能培养出一个好的记忆力,那以后就没办法学习其他事物。

公司准备举办一场宴会,需要把最近几年来公司的客户以及相关的人员都请来,借此机会联络一下感情,一起探讨未来的发展合作计划。可粗心大意的玛丽不知道怎么搞的,鼠标一点,一下就把联系人的电子文档覆盖了,瞬间名单和电话全没有了。这可怎么办呢?经理要求下午必须把邀请函发出去,可现在名单和联系方式全没有了,该怎么办呢?

新来的同事维茨里走了过来,安慰道:"你先别急,这份文件我看过,你先把你能记住的在中午之前给我,能做到吗?"玛丽点点头,努力回忆着文件里的名单和数据。下午维茨里拿着笔记本走过来,问:"玛丽,你看一看名单。"名单和数据全在笔记本上,玛丽惊讶极了:"这么多人,你怎么记住的?"维茨里指着自己的大脑,笑着说:"靠这里记下来的,这是我们犹太人的自豪。"

玛丽很感兴趣:"你们是怎么教育孩子的,怎么记忆力如此惊人呢?"维茨里笑着说:"从小就背诵《圣经》,这可以培养我们的记忆力,比如我儿子现在才两岁多,就能完全背诵一整页的《圣经》内容了。"玛丽有些疑问:"可是,《圣经》的内容好枯涩,他能懂吗?"维茨里回答说:"不用他懂,他现在只要会背就行,慢慢地,以后他长大了就有我这样的超强的记忆力了。"

只有让孩子从小背诵，才能最大限度地提高孩子们的记忆力。而且，孩子开始背诵的时间越早，记忆力提高得也就越快。因此，父母对孩子们进行记忆力的开发，通常都是很早的，因为只有这样才能有效地锻炼孩子们的记忆力。

自然，小孩子不可能理解所背诵文章的深层含义，父母当然明白这个道理，因此，让孩子背诵的目的不是让孩子明白其中的意义，而是让孩子先背下内容，等到孩子的记忆力得到锻炼之后，再让孩子慢慢理解背诵内容的含义。

**小贴士**

1.对内容只背不理解

在让孩子背诵文章时只背诵，不需要理解文章的意义，这样才可以培养出一个好的记忆力。孩子童年时期的记忆力是他一生中最好的，这是不用质疑的。即便有了这样的先天条件，但不会挖掘不去利用就会只停留在理论上，就比如一只杯子，我们知道它可以装水却始终没有将水存放进去，那和不知道它能装水没什么两样。让孩子背诵，通过背诵刺激大脑进行记忆，通过反复地背诵，反复地刺激和记忆，大脑的记忆容量就会慢慢扩大。

2.背诵的内容不分有趣或没趣

有的家长或许不会同意死记硬背，他们认为孩子所记忆的假如都是自己不感兴趣的内容，那即便记住了，也不能在这样的基础上进行理解。犹太父母认为，记忆品质受到记忆物本身的影响，孩子童年时期的背诵是促使增大这个内存容量的，而没有记忆容量，那将一切无从谈起。犹太父母坚信，没有记忆力，人就不可能具有思维能力。

3.背诵要注意方法

孩子在平时的学习中就把该背诵的知识点记得差不多了，然后就是和背诵内容多见面。比如，一个单词、一首古诗、一篇文章能否记住，取决于和它在不同场合见面的频率，不在于每次看它时间的长短。父母教导孩子要记住某个知识点，就每个星期至少和它见三次面，经常把需要背诵的内容翻出来熟悉，那就不需要重复记忆了。

## 避免让孩子产生厌学情绪

孩子学习停滞不前，头脑昏昏沉沉，什么事都不想干，看不进书也记不住内容，性情易急躁烦闷，产生厌学的情绪，这就是心理学上所说的"高原现象"。在现实生活中，许多孩子一提到上学就感觉浑身难受，出现肚子疼、出汗、失眠等症状，到医院做检查却发现孩子身体没问题。这时候，作为父母就应该引起注意了：孩子有可能得了厌学症。厌学症是目前青

## 第09章
学习责任，找准平衡点是关键

少年诸多学习心理障碍中最普遍的问题之一。

这些天张先生四处打电话求助："一向听话的女儿突然就厌恶学习，真不知道该怎么办才好。"

张先生说，开学没几天，正在上六年级的女儿在一次放学回家后就显得闷闷不乐，也不像往常一样做家庭作业，而是把自己一个人关在卧室里，半天也不出来。张先生推门看见，女儿趴在床上似睡非睡。张先生随口说了一句："还不赶快写作业！"女儿突然对着父亲咆哮了起来："就晓得催我写作业，我再也不上学了！"张先生一下子惊呆了，平时听话的女儿这时像变了一个人似的，满脸涨得通红，一副怒不可遏的模样。张先生问女儿为什么不想上学，她死活不说，只是不停地嚷嚷"我不想上学！不想上学！"

为了弄清楚女儿到底为什么厌学，张先生第一次主动给女儿的班主任打了电话。通过交流得知，女儿最近的课堂表现很糟糕，无精打采，经常在课堂上看漫画书。几位科任老师纷纷反映，她学习很吃力，没办法及时消化老师所讲的内容。末了，班主任给张先生敲了"警钟"。

对于这样的案例，教育专家认为，六年级是产生两极分化的关键阶段，课程多了，学习内容增加了，难度也加大了。在这一阶段，学习好的学生开始显山露水，而学习比较被动的学生则容易掉队。张先生的女儿很有可能是由于学习上的挫败影响到情绪，而这样的情绪又没得到及时的排解，压力过大而产生的厌学心理。对张先生来说，应该细心疏导女儿的情绪，让孩子认识到读书的重要性，争取让她自己要求回到学校，如此才能事半功倍。

引发成长期孩子厌学症的原因很多，大致可以分为主观原因和外在原因。主观原因：许多孩子自身比较懒惰，怕苦怕累，总觉得学习是一件很苦很累且很乏味的事情，一看到书本就头痛，总想找机会逃避学习；或者，有的孩子在学习上付出了很大的努力，但每次考试都不理想，他们就觉得自己不是学习的料，开始厌倦学习。客观原因：校外娱乐场所，诸如电子游戏室、网吧等带来的影响。有的则是父母强制孩子学习，影响到孩子对待学习的态度。学业太繁重，孩子每天都沉浸在学习中，没有放松时间，使得他们对学习产生逆反心理和厌倦心理。

从心理学角度来看，厌学症是指孩子消极对待学习活动的行为反应模式，主要表现为学生对学习认知存在偏差，情感上消极对待学习，行为上主动远离学习。那些患有厌学症的孩子往往对学习失去兴趣，他们没有明确的学习目的，恨书、恨老师、恨学校，严重者甚至一提到上学就恶心、头昏、脾气暴躁、歇斯底里。

### 小贴士

1.降低对孩子的期望

父母总说考试要考第一，但是，"第一"只有一个，不是每个孩子都可以做到的。因此,父母应该正确认识这样的结果。在与孩子交流的过程中,了解他的学习困难,帮助他制订切实可行的学习计划。在学习之外,要多与孩子沟通,孩子考试失败了,对他说:"你是最棒的!""你已经尽力了!"帮助孩子重新树立信心。

2.让孩子体验到成功的快乐

趋乐避苦,这是人之常情。如果孩子在学习上总是摔倒,他们体验不到成功的乐趣,自然不愿意努力学习。那么,父母可以制造机会,比如,孩子英语比较差,你可以让他先做几道简单的习题,让他轻松完成之后,体验到学习的乐趣,再逐步增加习题的难度。

3.引导孩子积极地自我暗示

那些经常给予自己积极的心理暗示的孩子,他们往往能避免学习的失败。对此,父母要引导孩子学会积极的自我暗示,经常对自己说一些激励的话。比如,每天早上起来,对着镜子说"我是最棒的""今天又是美好的一天"。

# 第10章
## 赋予勇气，让孩子正视成长的挫折

阿德勒认为，没有什么教育比逆境来得更实在。一个可以取得大成就的人必定经历过大的挫折。所以，逆商，即面对挫折、摆脱困境时的反应能力要从小培养。孩子儿童时期是培养逆商的关键期，父母要有意识地帮孩子培养"输得起"的精神，引领孩子战胜怯弱。

## 拒绝挫折就等于拒绝成长

阿德勒认为，人在成长过程中，既有愉快的体验，也不可避免地遇到各种挫折。挫折的到来不会以人的意志为转移，更不是父母时刻呵护就能避免的。要让孩子知道和慢慢体会，拒绝挫折就等于拒绝成长。

现在的孩子大多数都是在万千宠爱中长大的，在他们身上显现出任性、脆弱、自我、依赖性强、独立性差等特点。随着社会的进步，经济的发展，孩子们的生活条件越来越优越了，但是，他们在享受优越条件的同时，却像极了温室里的花朵，经不起外界的风吹雨打。在这时候，如果不进行适当的挫折教育，他们的性格就会越来越脆弱，心理承受能力也会越来越差。因此，这个问题值得引起每一位父母重视，因为今天的孩子需要受挫折，在不断的锻炼之下他们才能够迎接未来的挑战。

前两天的一个晚上，女儿幼儿园的小姐妹，同时也是我朋友的女儿，来我家里玩。她们两个一起画画，我看到那小朋友画的不错，就表扬了一句："小姑娘画的房子真漂亮。"女儿听到后，不高兴地走到另外一个房间，我没理她。这时那个小朋友说要玩玩具，我就把女儿平时玩的积木给她，后来女儿过来看到了更加不高兴了，又走了，直到客人走了，女儿也没从房间里出来。

后来,女儿莫名其妙的就哭了,哭得很伤心,我问她为什么,她说:"你说她画得好,我也画得很好啊,但你为什么不表扬我呢?我要做一个不听话的坏孩子。"我愣了,女儿又很委屈地说:"你拿玩具给她玩,又不给我拿。"我解释说:"因为她是客人,所以妈妈要拿好吃的给她吃,拿玩具给她玩。"女儿委屈地说:"可我是你女儿,为什么你不拿给我呢?"

人们的生活水平提高了,社会中独生子女所占的比例也越来越大,但对孩子的教育问题却成为了父母最头疼的问题,在家庭教育的过程中,出现了一个十分突出的矛盾,那就是孩子的生活和受教育条件越来越好,但孩子们的身心承受能力越来越差。在我们身边,常常有孩子因为受批评而选择离家出走或者自杀,其中的关键原因就是孩子生活太顺利了,缺乏相应的挫折教育。

在阿德勒看来,挫折教育就是指家长有意识地创设一些困境,教孩子独立去对待、去克服,让孩子在困难环境中经受磨炼,摆脱困境,培养出一种迎着困难而上的坚强意志及吃苦耐劳的精神。

父母还要有意识地依据孩子的抗挫能力进行教育,有的孩子能力较强,父母只要适当地启发,放手让孩子自己去解决问题;有的孩子能力较弱,父母可以帮助制订一定的计划,使孩子不断地看到自己的进步,继而逐渐形成克服困难和挫折的能力。

> **小贴士**

1.对孩子,要多肯定与鼓励

当孩子遇到挫折困难的时候,父母应该及时地肯定和鼓励孩子,给予孩子安慰和必要的帮助,使孩子不至于感到孤独无助。这时候,父母不要用一些消极否定的语言来评价孩子,如"你真是太笨了,这么简单的事情都做不好""做不好就不要再做了"等,这些话会强化孩子的自卑与挫败感,下次在挫折与困难面前,他就没有信心去面对了。父母可以采用一些积极肯定的评价,给予孩子自信,使孩子意识到自己的努力是受到肯定和赞扬的,没有必要害怕失败,继而逐渐学会承受和应付各种困难与挫折。

2.引导孩子正确对待挫折

小孩子对周围的人和事物的态度往往是不稳定的,他们容易受情绪等因素的影响。因而,他们在遇到困难与挫折的时候,也往往会产生消极情绪,不能正确地面对挫折。这时候,父母需要及时地告诉孩子"失败并不可怕,只要勇敢向前,一定能做好的",父母有意识地让孩子把失败当作一次尝试的机会,引导孩子重新鼓起勇气再次尝试。同时,父母还应该教育孩子勇敢地面对挫折与困难,增强抗挫折的能力。

3.给孩子适当的压力

父母可以把适当的压力交给孩子,让他自己来处理,让孩子适应人生阶段性的挫折，并从挫折中找到解决的办法。如果孩子面临了压力，父母可以帮助孩子进行心理疏导，但决不能大包大揽，让孩子觉得压力是与自己无关的。有的父母对孩子的赏识教育过头了，让孩子觉得自己是世界上最好的，无往不胜的，无法承受批评和失败，这样不能接受批评、不能承受压力的孩子，他们在未来的生活中必定是充满着痛苦的，甚至有可能被压力所吞噬。

4.对孩子适当地批评

批评和表扬一样，都伴随了孩子成长的一生。有的父母怕孩子受委屈，即便是孩子做错了事情，也从来不说孩子的不是，这样时间长了，孩子养成了只听得进表扬的话，而不能接受批评的不良习惯。其实，父母应该让孩子认识到每个人都是有缺点的，有的缺点可能是自己不知道的，但别人很容易发现，只有当别人在批评自己时，自己才知道错在哪里。这样让孩子明白有了缺点并不可怕，只要勇于改正就是好孩子。

5.挫折教育也需要顺应孩子的个性

任何教育都要考虑到孩子的心理特点以及个性特点，不同的孩子面对挫折教育会有不同的心理。所以，父母对孩子所进行的挫折教育也需要因人而异。有的孩子自尊心比较强，爱面子，遇到挫折就很沮丧，对这样的孩子，父母不要过多地批评，点到为止即可；有的孩子比较自卑，父母要多安慰少指责，善于发现他们的闪光点。

## 充分理解孩子的成长烦恼

阿德勒认为，挫折是当孩子遇到无法克服的困难，不能达到目的时所产生的情绪状态，人的一生可以说是与挫折相伴的。困难和挫折，对于成长中的孩子而言，是一所最好的大学，而父母给孩子过分的溺爱和保护，让孩子缺少参与、实践的机会，缺乏苦难的磨炼和人生的砥砺，所以，孩子的心理承受能力十分脆弱，遇到一点点挫折就灰心丧气、自暴自弃，从而失去信心。

孩子的成长是一个前进而又曲折的过程，从孕育到出生再到长大成人的过程，是生命体膨胀裂变衍生变化的过程。在这期间孩子身上会伴随不同的年龄段而出现生理和心理的压抑和释放特征。在外界环境压力较大或不适应身心需要的情况下，容易出现成长过程中的"逆境"。对此，父母应该重视孩子成长中的烦恼，给予孩子充分的理解和释放环境，保证孩子健康成长。

孩子正在上一年级，上学快两个月了。她是一个脾气十分暴躁的小女孩。她从小记忆力就特别差，注意力不集中，老师总说她上课不听话。平时在家里，她连自己放的东西在哪里都不记得。

我发现她给自己的压力很大，毛笔字写不好，她就撕掉重写。写作业写不好，就一个劲地擦来擦去。别人父母都在为孩子不努力担心，但我这个孩子自尊心太强了，我也着急，总想劝她,又怕她以后不努力。现在我和孩子的爸爸在另外的城市工作,孩子由她外婆带,我非常担心孩子以后的发展。

年龄的增长是孩子成长的标志,而在这个过程中,他们会有许多烦恼。比如在成长的过程中经历着父母的教导,老师的教育,还背负着很重的担子。对许多孩子而言,他们都会讨厌写作业、考试,而这些现象几乎成为了孩子们的烦恼。

孩子成长很快,转眼就可以长高,长大了。假如父母不了解孩子,教育方式不对,那亲子双方都会感到痛苦,势必浪费许多精力与时间。阿德勒认为,孩子在成长过程中,需要父母陪伴,需要指导,需要呵护。对孩子,父母首先要了解他,才能帮助他。

**小贴士**

对于孩子们来说,他们的逆境是在学习和生活中受挫,那他们的受挫原因大致有哪些呢?

1.心理承受能力较差

许多中国父母为了帮助孩子创造一个良好的学习氛围,不让孩子吃一点苦,受一点委屈,认为孩子的任务就是学习,其他所有事情都有父母包办。父母将孩子在家庭范围内承受挫折磨炼的机会降到了最低。尽管这样的父母是用心良苦,不过结果却往往事与愿违。因为对孩子的过度关心、过度保护、过度限制，让孩子缺少磨炼，最后让其形成一种无主见、缺乏独立意识、依赖父母的心理。这样的孩子一旦遇到了逆境就会束手无策，心灰意冷，心理承受能力很差。

2.受人际关系方面的困扰

随着孩子的心理发展和自我意识的增强，强烈地渴望了解自己与他人的内心世界，所以产生了相互交换情感体验，倾诉内心秘密的要求，他们希望得到别人的理解、尊重、信任。不过有的孩子因为个人特点造成在人际交往上的障碍，自以为是，不能清楚地了解自己的不足，这让他们在人群中很不受欢迎，这样的孩子容易感到孤独。

3.面临学习负担上的压力

在中国许多孩子都是独生子女，父母们望子成龙心切，对孩子提出很多不符合他们身心发展规律的过高期望，再加上频繁的考试、测验、作业、学业竞争，孩子们的心理压力很大，更加不敢面对失败。沉重的学习负担和强大的思想压力，让孩子们精神非常紧张，长时间处于焦虑不安之中。

4.情绪上的波动大

孩子们情感的深刻性和稳定性尽管在发展，不过依然有外露性，比较冲动，容易狂喜、暴怒，也很容易悲伤和恐惧。对孩子来说，情绪来得快，去得也快，顺利时得意忘形，遇到挫折就垂头丧气。因为理智和意志比较薄弱，欲望较多，假如家里不能满足其要求，孩子就会产生一些不良的情绪，忍不住发脾气。

父母要帮助孩子做好以下几点：

1.多角度看待挫折

正确看待挫折，要善于开阔自己的视野，以宽阔的胸襟，从不同的角度去看待、观察事物。正如诗中所说"横看成岭侧成峰，远近高低各不同"，对待挫折也是一样，不同的目标，不同的角度，会产生不同的结果。有的孩子在一次考试失败后就一蹶不振，下一次他一样失败；有的孩子面对鲜红的分数，能够勇敢面对，最终获得了成功。当孩子在生活或学习中遇到了挫折，应该看开点，从长远方面看，它不过是漫长生命历程中一个微不足道的黑点，没有必要因此陷入到失败的痛苦中去，而是应该吸取教训，努力向前走，"失败乃成功之母"，从哪里失败就从哪里爬起来。

2.增强自信心

如果孩子擅长某一方面，就会在这一领域里有着充分的自信，这可以帮助孩子更好地面对来自其他方面的挫败感。在学习中，引导孩子善于发现自己的优势，最大限度地发挥自己的长处和优势，努力表现自己，体现自身价值。当孩子在自己所擅长的某方面体验到成功，看到了希望，就能帮助他们找回丢失的信心。

3.善于调节心理

父母可以让孩子学习一些缓解心理压力的常识与小窍门，这样便于他们在遇到挫折时自我调节。比如，当孩子出现紧张、畏惧的情绪时，提醒他们深呼吸几次，忘记这是在比赛，把比赛当作日常生活中的一项运动，以放松的心态来迎接挑战等。而且，通过调节心理来合理宣泄心理压力，这样能有效调节"输不起"心理。

## 面对考试失利，如何调整心态

正处于成长期的孩子，也正处于学习的一个重要时期。每天面对的都是升学问题，还有大大小小的考试，这似乎一直困扰着他们。特别是在考试失败之后，一股失望的情绪就会涌上心头，觉得自己很没用，觉得自己没有能力。那些老师描绘出来的蓝图，还有理想的大学，似乎都已经渐渐远离了自己的视线。看着糟糕的成绩，没有比沮丧更能形容自己的心情。

假如孩子在新年联欢会上表演出错或做算术题全班倒数第一，有的孩子会说"以后再也不会上台表演了，免得当着那么多小朋友出丑""真希望永远不再做算术题了"，而有的孩子则说"我只不过事先没有排练或偶尔粗心罢了，下次我好好准备，超过别的小朋友绝对没问题"。孩子的这些面对挫折的心态，并不是与生俱来的，而是经历了逆境慢慢形成的。犹太人认为，假如父母能成功地引导孩子认同第三种态度，让孩子保持"我一定能把困难战胜"的热情和信心，那就是给了孩子一笔巨大的人生财富。

第一学期月测试之后,孩子陷入了失败的痛苦之中,虽然爸爸安慰了自己,但还是弥补不了心中的那种失望、难过的情绪。以前,无论哪次考试,孩子虽然不能名列前茅,但成绩都一直在前十名左右,但这次不但跌出了前十名,反而落到了三十名以外了。这样的现实,孩子一时接受不了,而且考试成绩公布出来之后,他发现自己的好朋友从以前的二十名左右一跃进了前十名,这让他更觉得自己太失败了。班主任老师也把自己叫到了办公室:"孩子,我一直看好你呢,希望你努力能进入前五名,到时候重点大学肯定是没问题的,可你这次怎么回事,居然滑倒了三十名以外,像这样下去,不但重点大学毫无希望,连上个本科都成问题了。"听着老师严厉的话语,孩子心里更是一团糟。

晚上回到家,虽然拿着书包进了书房,但孩子心就是静不下来,拿着书本发呆。爸爸走进来,看着发呆的孩子,温和地劝慰:"还在为考试失利而伤心吗?"孩子点点头,爸爸拿着孩子的书本:"这一次考试算什么,下次努力就是,不是说失败是成功之母吗?"孩子有气无力地说:"我怕我再也爬不起来了,爸爸,我该怎么办?"爸爸拍了拍孩子的肩膀:"孩子,你一直是一个勇敢、聪明的孩子,爸爸希望你一直都是这样,这只是一次小测验,离高考还有很多次测试,这一次的结果证明不了什么,以后的每一次测试,你都能进步一点点,那么成功离你就不远了。爸爸相信你,一定能重新拿回属于自己的成绩。"听了爸爸的话,孩子认真地想了想,事情真的是这样,爸爸又说:"范仲淹不是说'不以物喜,不以己悲'吗,对任何事情都是这样,以一颗平常心对待,才能够面对人生中的失败与挫折,也才能有重新站起来的勇气。"孩子只觉得心里振奋不已,马上打开书本认真看了起来。

　　成长期的孩子在考试失利时容易一蹶不振,陷入失败的痛苦之中,精神不振,整日为成绩而忧心。其实,父母需要告诉孩子,失败并不能说明问题,没有到最后,谁也不能说你是不行的,所以,从哪里跌倒就从哪里爬起来,做一个不被打倒的强者。

　　父母总是容易犯这样的错误,在一些比赛中,孩子失败了在哭,父母在一边心疼,一边向前安慰:"我们认为你是最好的。"父母认为孩子会停止哭泣,不过刚好相反,孩子哭得更厉害了。孩子因为失败而难过的哭泣变成了认为裁判不公平的哭泣,最严重的是孩子想法的转变,孩子会想:"我是最好的,老师是不公平的,我再也不要参加了。"这样一下,孩子会更加认为自己没有输,开始抱怨别人的不公平,最后将自己的失败归在他人身上。父母应该引导孩子正面对待失败,并从失败中吸取教训,这次输了,是什么原因导致的:是因为太紧张吗?是准备不够吗?这样才有助于孩子养成正确面对失败的良好心态。

> 小贴士

1. 考试只是人生中的小事

阿德勒认为,考试的失败只是一件小事而已,当孩子长大成人,会发现生活中还有许多困难与挫折在等着自己,这样一比较,会觉得测试真的是一件微不足道的事情。人生漫漫长路,总不能一帆风顺,总是有着这样或那样的挫折与困难,而当孩子在面对这些困难与挫折时,难免就会有失败,这是必然的。

2. 引导孩子正确看待失败

父母要引导孩子学会接受失败,让孩子知道"失败是成功之母",没有一个人总是站在成功的位置,同样的道理,也没有一个人总是处于失败的境地。失败并不算坏事,毕竟可以从失败中吸取教训,而这些足以让你重新取得成功。所以,以一颗平常心来对待考试中的失利,把每一次失败当作是一次尝试,不断地尝试,你才有可能成功。

3. 培养孩子淡定的心态

"不以物喜,不以己悲",这是一代文学家范仲淹的名言。凡事都有可能面临失败与成功,而我们需要做的就是保持良好的心态。如果孩子比较浮躁,那么在面对成功的时候,有可能会欣喜若狂,萌发出骄傲的情绪;面对失败的时候,有可能就会灰心丧气,甚至一蹶不振。这样的心态都是不端正的,因为有可能由于骄傲而狠狠地跌倒，也有可能因为失败而从此灰心。所以，最好的心态就是以一颗平常心去做事，这样孩子会在成功面前保持谦虚的态度，在失败面前依然充满着信心。

4.不能全权包办

许多父母希望给孩子铺一条平坦的路，这是很不现实的，这影响了孩子的交往能力，同时不利于孩子良好意志品质的形成，还会造成孩子长大后难以适应社会生活，容易产生自卑、抑郁等不良心理。孩子一旦在交往中遭遇挫折，父母不要觉得孩子是受了很大的委屈，忙着解决困难，而是应该给孩子锻炼的机会，让孩子在经受挫折、克服困难的过程中不断提高交往能力。

5.避免嘲笑孩子

孩子缺乏社交经验，在交往中容易遭遇挫折，这是难以避免的。父母不应该嘲笑孩子，或者责怪孩子的错误。父母应该注意培养孩子胜不骄、败不馁的品质，在克服困难方面给孩子树立良好的榜样。

6.过度的挫折教育

父母给予孩子的挫折教育要注意适度和适量，为孩子设置的情境需要有一定的难度，能引起孩子的挫折感，不过又不能太难，应是孩子通过努力可以克服的。同时，让孩子面临的难题不应该太多，适度和适量的挫折可以让孩子调整心态，正确地选择外部行为，克服困难。过度的挫折教育会挫伤孩子的自信心和积极性，让孩子丧失兴趣和信心。

第10章
赋予勇气，让孩子正视成长的挫折

## 引导孩子合理排解成长压力

成长的孩子，面临着升学，面临着人生的转折点，家长的期望，老师的谆谆教诲，这些都形成一种强大的压力，沉重得使孩子们透不过气来。甚至，有的孩子因为学业过重，压力过大，选择了结束自己的生命。其实，会导致这样的后果一方面是因为孩子心理承受能力比较弱，另一方面则是社会学校家长所施加的压力过重的缘故。对一个即将升学的孩子来说，有压力是正常的，如果没有压力，哪来的动力，没有压力，就不能促使你学习，不能促使你向前进步。所以，作为成长中的孩子，首先应该承认压力的存在，正视压力，而不是选择逃避。

学习进入正轨之后，陆丰逐渐摸索出了自己的一套学习方法，每天合理安排自己的时间，在这样的忙碌过去之后，也即将迎来了第二次测试。因为第二月由于特殊情况没有进行测试，而这一次测试就被列为期中测试，老师和学校似乎都很重视这次测试。而小胖子不知从哪里听来了小道消息，据说这次测试的成绩会作为分班的一个标准，分班就是分为尖子班和平行班。这一消息一出，同学们都觉得非常慎重，尤其是陆丰同学，因为上次考试的失利，一直有个阴影在心里，虽然经过了这一段时间的学习，但是陆丰害怕自己的成绩不能恢复到以前的水平，如果是这样，那么自己有可能会被分到平行班。这样的担心日益加重，陆丰甚至开始怀疑自己的学习方法是否可行。

于是，陆丰抓紧了时间，学习的劲头似乎又回到了最初的状态，不让自己有一点休息，晚上看书看到深夜。早上，爸爸看着陆丰那黑眼圈，打趣说："最近学习这么紧张吗？你看都有黑眼圈了，学习再紧张，也要注意休息，身体才是革命的本钱。"陆丰哈欠连连，没有说话。由于晚上学习得太晚，白天上课也没有什么精神，陆丰发觉自己的学习效率有所下降，于是又开始担心自己的学习。晚上看书也不看不进去，睡觉又会失眠，精神简直到了崩溃的边缘。爸爸似乎看出了陆丰的压力，这天晚饭后，爸爸提议一起去散步。一路上，爸爸并没有说任何关于学习的事情，而是聊些童年往事，也聊起了陆丰小时候的趣事。

成长中的孩子不要给自己太多的压力，给自己的压力要适当。压力本身是没有任何威胁性的，适当的压力会转换为一种强大的动力，促使你不断地进步，不断地奋发向上。但是，这样的压力一旦过大，就会造成精神紧张、心理崩溃，出现诸如陆丰那样的情况，不能认真看书，晚上失眠，白天精神恍惚，而这样的状态非常影响学习质量和学习效率。所以，当孩子在面对来自各方面的压力时候，需要学会自己调整，只给自己适当的压力，否则后果堪忧。

> **小贴士**

1.引导孩子解压

给自己适当压力的同时,还需要为自己解压。当孩子发现在学习中有太大压力的时候,不妨把自己抽离出来,参加一些户外活动,在大自然中散散心,或者邀约几个好友一起打打球,这都是一些好方法。压力是精神上的一种紧张状态,只要这样的精力被另外一种活动所占据,那么你就会暂时放下学习上的压力,投入到轻松愉快的活动中,身心得到休息。当你再回过头想那些学习的压力,你会发现它已经变成了一种动力。

2.言传不如身教

阿德勒认为,父母的一举一动孩子都会记住和模仿,假如孩子看到你在艰难时刻的坚强表现,他们也会和父母学,用同样的积极方式渡过难关,父母的一举一动对孩子有很大的影响。假如你的孩子总是消极,那你应该适时地审视自己的人生态度,父母对孩子世界观的影响往往是最大的。假如你总是把工作中的负面信息带回家,而从来不谈工作中愉快的事情,那孩子会受你的影响而把注意力集中在那些生活中不愉快的事情上。

当然,生活中的不如意对孩子也会造成负面影响,比如亲人的离世、父母离婚,贫困或者失去好友等都有可能让孩子的人生态度发生改变。在人生的艰难时刻,父母应该给予孩子支持，帮助他们渡过困难时期。

3.避免指责孩子

假如父母总是指责孩子，孩子往往真的会成为你说的那个样子。假如你总是指责孩子是家里面消极的人，时间长了，孩子就真的会变得消极。因为在潜意识里，孩子会觉得自己真的是父母说的那个样子。

4.积极面对挫折

人生难免经历挫折，而且现实和理想总会有很大的差距，孩子避免不了会面对挫折。当孩子经历挫折时，告诉孩子这并不是一件坏事，一次不成功可以再试，考试没考好可以再努力，争取下一次考好。面对挫折和坎坷不要灰心，从头再来，这样可以更好地面对生活中的起起伏伏。

5.避免批评

批评并不会让你的孩子做得更好，还可能会助长孩子的负面情绪。在孩子为功课感到烦恼的时候，父母可以帮助他们，鼓励他们所取得的点滴成绩。即便成绩不是很理想，也要告诉孩子，失败和成功都是人生的必修课。

## 引导孩子走出"失恋期"

对于中学阶段处于成长中的孩子来说，他们需要成长的不仅仅是知识和技能，还有情感体验方面的内容。成长的孩子会遭遇感情问题，比如失恋。其实，"失恋"这样的字眼有些牵强，因为有的孩子还没有真正恋爱过就向父母宣布自己"失恋"了。这样的"失恋"并不是成年人的失恋，而是对一份懵懂感情的失落感。因此，与其把孩子的感情遭遇看成是一次"失恋"，不如引导孩子把它当成是心性成长的必然过程。

心理学家建议，如果孩子能与异性交往，会让孩子的情绪情感都能得到补偿，这样更有利于她们成年后的人际交往、婚姻生活。不过，成长孩子早恋的现象，不可避免地带来了一系列感情问题。曾经有一位16岁的高中女生去医院就诊，她最初只说自己胃疼，但怎么样就是治不好。后来，她才告诉心理医生，自己失恋了。心理医生表示："失恋让孩子情绪很焦虑，引起了抑郁，长时间的精神紧张导致了胃疼。成长的孩子心理不成熟，感情不顺利就自责，觉得这都是自己的错，这让他们感到烦躁心慌。而且，孩子羞于开口，不愿意跟父母、同学诉说自己的感情问题，只能压抑自己心中，时间长了伤身又伤心。"

早恋的现象越来越多，同时，失恋的孩子也多了起来。对于父母来说，既然无法禁止孩子去恋爱，那不妨想办法帮助他们走出失恋阴影，避免孩子受到更大的伤害。跟成年人一样，孩子失恋后往往会感到很痛心，情绪低落必然会影响他的身心健康和学习。父母应该鼓励孩子像成人一样面对失恋，告诉他们，这也是一种人生的磨炼。

> 小贴士

1.引导孩子正确认识"失恋"

一位哲学家说:"人只有经历过一次真正的失恋痛苦和折磨,才会进一步成熟起来。"对此,父母可以引导孩子正确认识"失恋",面对失恋的现实,审视自己的行为,重新评估对方的人格,从中吸取经验和教训,促进心理的发展和成熟。告诉孩子:"失恋并不是一件坏事,这是一种自然的社会现象,等你有本事了,长大了,你会有更多更好的选择。爱情并不是生命的全部,为了失恋而搞垮身体,影响学业,这是很不值得的。"

2.让孩子感受到家庭的温暖

孩子失恋了,应该让他转移注意力,让他感受到家庭的温暖。比如,带孩子出去散散心,或者出去玩一次,或者,最简单地做一顿他最爱吃的饭菜。这样的行为让孩子知道,即使失恋了,家人永远是关心自己的,这样他心理上就不会觉得孤单和苦闷。

3.引导孩子转移注意力

在孩子失恋后,父母要引导他将时间和精力转移到学习上来。告诉孩子"作为青少年,你们正处在学习知识的黄金时间,尽可能地把更多的时间放在学习上。恋爱会浪费你的时间,还会伤害彼此,而且,很影响你的心态,影响到你平时的学习"。

## 引导孩子正确认识失败

人生漫漫长路，似乎没有尽头，所以人生中的挫折、考验也是没有尽头的。在人生的旅途中，总是有一些挫折和困难在等着孩子们，本来灿烂的天空总是会飘来朵朵阴云。童年时期，对于每一个孩子来说都是一个美好的时代，是一个快乐的时代，也是一个绚丽多彩的时代，更是一个困惑和矛盾冲突的时代。

处于这个阶段的孩子，生理发育逐渐成熟，但心理上的成长却落后了，形成一个尴尬的局面。当考试失败、失意等烦恼一个接着一个地到来，似乎带着一种这个年龄无法承受的压力，张牙舞爪地在你面前嚣张着。其实，命运对每一个人来说都是很公平的，没有谁可以一帆风顺，总会碰到这样或那样的挫折，经历这样或那样的困难历程，有的人在挫折面前选择了逃避，有的人则选择了勇敢面对，这其实也是失败者与成功者的区别所在。

### 小贴士

那在对培养孩子受挫能力方面，阿德勒建议父母这样做：

1.引导孩子认识自己

对孩子而言，他们的压力莫过于父母望子成龙，望女成凤的急切心理；莫过于学习分数的高低，成绩的好坏；莫过于与同学之间的争吵；莫过于老师严厉的批评。对于在家中受宠的孩子，他该如何承受这样的压力呢？

对此，父母需要引导孩子正确认识自我，了解自己的优点、缺点、爱好、性格、习惯等，学会自我调控、自我反思，找出与别人的差距。只有在了解自我，认识自我的基础之上，他们才可以不断地完善自我。有的孩子本身缺乏自信心，导致他们形成自卑感，严重地影响着他们的身心活动和学习能力，使得原有的聪明才智发挥不出来。对这样的孩子，父母要帮助他们认识自我，了解自己，面对现实，在认清了自己以后，以清醒的头脑，良好的心态调节自我。让孩子进行自我暗示：相信自己，我并不比别人笨，别人能做到的事情，我也能做到。时间长了，孩子们就懂得发挥自己的长处了。

2.引导孩子进行反思

在家庭教育中，父母有时难免会伤害到孩子，在这样的情形下，假如孩子没有健康的思想和承受能力，就不能正确面对，尤其是那些性格内向的孩子，他们不善言辞，就容易造成不良的后果。对这样的孩子，父母需要多开导，鼓励孩子自省，让他们了解自己的不足，认识自我的不对，从而成为一个身心健康的人。

3.引导孩子积极面对打击

人生的致命点就是经受不了挫折的打击，有的人一旦遇到一丁点麻烦，遇到一点小挫折，就不能接受，不能正确地对待。在这方面,父母需要引导孩子积极面对自己,当自己受到打击以后,保持清醒的头脑,多想想造成自己受到打击的原因,假如是自己造成的,就要勇敢面对,勇于承担责任。父母需要告诉孩子:人无完人,孰能无过。有则改之,无则加勉,知错能改,才是好孩子。

4.引导孩子积极沟通

交流和沟通会化解矛盾,交流和沟通会让人感到愉悦。有的孩子性格内向,不善于表达和沟通,受点打击,就闷在心里,甚至把自己关在屋里,不愿意见人。长时间下去,思想压力很大,身心无法得到健康的成长。对这样的孩子,父母要告诉他,要做一个性格开朗的人,心中有什么不愉快的事情就找朋友或者可以信任的人说一说,在交流中对方会帮助你解决问题、排除困惑,学会交流、沟通,争取到别人对你的支持、帮助。

## 参考文献

[1]岸见一郎.不管教的勇气[M].昆明：晨光出版社，2018.

[2]阿尔弗雷德·阿德勒.儿童教育心理学[M].成都：成都时代出版社，2019.

[3]卢骏逸.妈妈会"偷懒"，孩子更优秀[M].北京：中国友谊出版公司，2020.

[4]阿尔弗雷德·阿德勒.阿德勒：在自我启发中成长[M].南京：江苏凤凰文艺出版社，2019.